C.H.BECK WISSEN

Tschechien – ein junger Nachbarstaat, und doch ein Land mit einer über tausendjährigen, wechselvollen Geschichte. Die Mittlerstellung der böhmischen Länder zwischen Ost und West war stets Herausforderung und Chance zugleich. Bis zum Ende des 20. Jahrhunderts wechselten Phasen einer eigenständigen Entwicklung und Zeiten imperialer Unterdrückung einander ab. Der Band bietet einen Überblick über die politische, gesellschaftliche und kulturelle Entwicklung eines Staates, der über Jahrhunderte hinweg ein besonderer Partner der deutschen und österreichischen Geschichte war.

Joachim Bahlcke, geb. 1963, ist Professor für Geschichte der Frühen Neuzeit an der Universität Stuttgart. Seine wichtigsten Studien gelten der frühneuzeitlichen Religions-, Sozial- und Verfassungsgeschichte Ostmitteleuropas. Prag und den böhmischen Ländern fühlt er sich seit einem einjährigen Forschungsaufenthalt an der Tschechoslowakischen Akademie der Wissenschaften in den Jahren 1990/91 in besonderer Weise verbunden.

Joachim Bahlcke

GESCHICHTE TSCHECHIENS

Vom Mittelalter bis zur Gegenwart

Verlag C.H.Beck

Mit 2 Karten

Karten: Dirk Bloch, Berlin
Nach Vorlagen von Eva Semotanová,
Univerzita Karlova v Praze, 2009

Originalausgabe

Satz: Fotosatz Amann, Memmingen
Druck und Bindung: Druckerei C.H.Beck, Nördlingen
Reihengestaltung: Uwe Göbel, München
Umschlagabbildung: Reiterstatue des Heiligen Wenzel
vor dem Prager Nationalmuseum, © Alexander Pöschel /
imagebroker / ullsteinbild
Printed in Germany
ISBN 978 3 406 66179 2

www.beck.de

Inhalt

Vorwort 7

I. Territorium, Sprache und Nation 9

II. Das Zeitalter der Přemysliden 14
Herrschaftsbildung und Christianisierung 14
Politische Konsolidierung und territoriale Expansionsziele 17
Landesausbau und Städtewesen 20
Adel und Königtum 22

III. Die böhmischen Länder im 14. Jahrhundert 25
Die Herrschaft der Luxemburger 25
Sozialstruktur und Wirtschaft 29
Kirche, Kultur und Bildung 32

IV. Böhmische Reformation und Ständestaat (1415–1620) 35
Hussitenkriege und nationales Königtum 35
Monarchie und Ständegesellschaft 40
Religiöse Vielfalt und Kultur 43
Konföderation und Konfrontation 47

V. Barock und Aufklärung (1620–1790) 51
Verfassungsänderung, Elitenwandel und Bevölkerungsentwicklung 51
Der Umbau des Staatsgefüges: Land, Krone und österreichischer Gesamtstaat 55
Gegenreformation und katholische Konfessionskultur 58
Aufgeklärter Absolutismus, Bildungspolitik und Sprachenfrage 62

VI. Von der «Nationalen Wiedergeburt» bis zum Zerfall Österreich-Ungarns (1790–1918) **67**
Gesellschaftliche Mobilisierung und Frühindustrialisierung 67
Die Formierung der tschechischen Nationalgesellschaft 75
Kulturelles Leben und nationale Bewusstseinsbildung 84
Auflösung der Monarchie und neuer Staatsbildungsprozess 87

VII. Die Tschechoslowakische Republik (1918–1992) **91**
Staatsaufbau und innenpolitische Konsolidierung 91
Von der Weltwirtschaftskrise bis zum Ende des Zweiten Weltkrieges 99
Die Tschechoslowakei als Volksdemokratie und sozialistischer Staat 106
Dissidenz, «samtene Revolution» und Rückkehr zur parlamentarischen Demokratie 113

VIII. Die Tschechische Republik (seit 1993) **116**
Neuorientierung zwischen Bundesstaat und regionalen Autonomieansprüchen 116
Politische, gesellschaftliche und wirtschaftliche Strukturen 118

Herrscher und Staatsoberhäupter 121
Literaturhinweise 123
Personenregister 126
Ortsregister (mit Konkordanz) 127

S vděčnou vzpomínkou na Hrušovany nad Jevišovkou,
kde všechno nějak začalo

Vorwort

Es ist ein imposanter Anblick, der sich dem Besucher der Hauptstadt Tschechiens auf dem Wenzelsplatz bietet. Bewusst wurde die Reiterstatue des Heiligen Wenzel, aufgenommen vor dem Hintergrund des im Neorenaissancestil errichteten Prager Nationalmuseums, auch als Umschlagmotiv für das vorliegende Buch gewählt. Das Denkmal verbindet Vergangenheit und Gegenwart des Raumes, dessen Geschichte hier erzählt wird, in besonderer Weise. Der vermutlich im Jahr 935 ermordete böhmische Herzog aus dem Geschlecht der Přemysliden, den man schon früh als Märtyrer verehrt hatte, wurde in späteren Jahrhunderten zum wichtigsten Symbol des böhmischen Länderverbands, der nach ihm benannten «Länder der Wenzelskrone». Nicht zufällig wurde der größte Platz der einst von dem Luxemburger Karl IV. gegründeten Prager Neustadt im Revolutionsjahr 1848 nach dem tschechischen Nationalheiligen benannt. Auch in jüngerer Zeit blieb der Wenzelsplatz die zentrale Bühne revolutionärer Umbrüche – zuletzt während der Massendemonstration am 17. November 1989, die das Ende des kommunistischen Regimes in der Tschechoslowakei einläutete.

Tschechien – die 1993 gegründete Tschechische Republik – ist ein junger Staat im östlichen Mitteleuropa, und doch ein Land mit einer über tausendjährigen, wechselvollen Geschichte. Die Mittlerstellung der böhmischen Länder zwischen Ost und West war stets Herausforderung und Chance zugleich. Bis in die unmittelbare Gegenwart wechselten Phasen einer eigenständigen Entwicklung und Zeiten imperialer Unterdrückung einander ab. Der vorliegende Band will einen Überblick über die politische, gesellschaftliche und kulturelle Entwicklung eines Staates vermitteln, der über Jahrhunderte hinweg ein besonderer Partner der deutschen und österreichischen Geschichte war.

Zum Sprachgebrauch hatten die Zeitgenossen älterer Epochen, unabhängig von ihrer eigenen sprachlich-ethnischen Zugehörigkeit, in aller Regel ein flexibles Verhältnis. Die sprachliche Namensform lässt sich ohnehin häufig nicht mit der tschechischen oder deutschen Herkunft identifizieren – noch in den Wiener Parlamentsdokumenten unmittelbar vor dem Ersten Weltkrieg wurde der tschechische Politiker Tomáš Garrigue Masaryk als «Masaryk, Thomas» geführt. Bei den Ortsnamen, die im Register durch eine Konkordanz erschlossen werden, wird in diesem Buch die deutsche Namensform verwendet, sofern eine solche vorhanden und gebräuchlich ist. Bei den Personennamen muss ungleich stärker der jeweilige historische Kontext berücksichtigt werden. Für einen aus dem litauischen Geschlecht der Jagiellonen stammenden Herrscher, der König von Böhmen und Ungarn wurde, gibt es zwangsläufig mehrere parallel gebräuchliche Schreibweisen. Neben den Registern und einer Übersicht der Herrscher und Staatsoberhäupter findet der Leser am Ende des Bandes knappe Literaturhinweise, die sich auf eine Auswahl wichtiger, vorwiegend neuerer Quellensammlungen und Darstellungen beschränken.

Die Geschichte des hier vorgestellten Raumes beschäftigt mich nunmehr ziemlich genau die Hälfte meines Lebens. Entsprechend groß ist die Zahl derjenigen, von denen ich etwas über diese Geschichte lernte und deren Erfahrungen, Urteile und Befunde in diese Darstellung – mittelbar oder unmittelbar – eingeflossen sind. Nur wenige können an dieser Stelle einzeln genannt werden. Hilfreich wie stets waren die wichtigen Hinweise, die mir Winfried Eberhard (Leipzig), Rainer Leng (Würzburg) und Thomas Winkelbauer (Wien) gaben. Mein Dank gilt ferner den Stuttgarter Mitarbeitern und Kollegen, besonders Mona Garloff und Roland Gehrke. Große Gelassenheit und Geduld mit seinem Autor zeigte Ulrich Nolte vom Verlag C.H.Beck.

Gewidmet ist dieses Buch den tschechischen Freunden und Kollegen – in der Hoffnung, dass den Begegnungen der letzten zweieinhalb Jahrzehnte noch viele weitere folgen mögen.

Stuttgart, im Dezember 2013 *Joachim Bahlcke*

I. Territorium, Sprache und Nation

Den ersten, 1836 in Prag in deutscher Sprache veröffentlichten Band seiner *Geschichte von Böhmen* widmete Franz Palacky den «hochlöblichen Herren Ständen», die dem böhmischen Landesarchivar fünf Jahre zuvor den Auftrag zur Abfassung einer Landesgeschichte erteilt hatten. «Die eigenthümlichen Schwierigkeiten einer Darstellung des alten Volkslebens der Böhmen», heißt es im Vorwort, «rühren zunächst von der Verschiedenheit der Elemente her, welche sich darin abspiegeln: des allgemein *slawischen*, das ursprünglich vorherrschte, des *deutschen*, das vorzüglich seit dem 10. Jahrhunderte immer größeren Eingang fand, und endlich eines *böhmischen*, das sich zum Theil aus der Vermischung der beiden ersten erzeugte.» In der Einleitung des zehnten und letzten, 1867 vorgelegten Teilbands teilte der Autor dann seinen Lesern mit, dass er sich – «zumal seit dem Jahre 1848» – verpflichtet gesehen habe, sein Werk «in beiden Landessprachen» herauszugeben, wobei «im böhmischen Texte» unverändert einige Lücken klafften. In tschechischer Sprache trug das Werk den Titel *Dějiny národu českého w Čechách a w Morawě*. Der Autor selbst schrieb sich dort František Palacký.

Der Historiker Palacký, der zur führenden geistigen und politischen Autorität der tschechischen Nationalbewegung des 19. Jahrhunderts heranreifen sollte, beschrieb als erster die Geschichte Böhmens als eine «Geschichte des tschechischen Volkes» – so der Titel der Parallelausgabe – in diesem Raum. Sein monumentales, mehrfach neu aufgelegtes Werk fand in den böhmischen Ländern daher vor allem unter den Tschechen großen Zuspruch. «Es war die Arbeit eines ganzen Halbjahrhunderts, es war wie das Ausgraben einer durch Jahrhunderte verschütteten herrlichen Stadt, eines großen Pompeji des ganzen Volkes», urteilte 1898 der tschechische Historiker Josef Pekař. Bedeutsam ist das Werk bis heute auch deshalb, weil sich an ihm über den

Zusammenhang von historischer Selbstvergewisserung und politischer Nationsbildung hinaus die grundsätzliche Frage erörtern lässt, was eigentlich der Gegenstand einer historischen Darstellung wie der vorliegenden sei. Denn die Leitbegriffe des deutschen wie des tschechischen Titels von Palackýs Geschichtswerk, die einen Bezug auf Territorium, Sprache und Nation enthalten, waren bei Lichte besehen seit frühesten Zeiten unbestimmt, besaßen also ganz unterschiedliche Sinngehalte und waren je nach Interessenlage und Standort mehrdeutig verwendbar. Die Probleme, die sich aus der engen Verknüpfung von Sach- und Sprachgeschichte ergeben, haben seit Mitte des 20. Jahrhunderts zwar an Brisanz, nicht aber an Bedeutung verloren. Dies hat nicht zuletzt zur Folge, dass die vorliegende Überblicksdarstellung den im Deutschen ungewöhnlichen, weil mit einer langjährigen Tradition brechenden Titel *Geschichte Tschechiens* trägt.

Für das im 10. Jahrhundert unter der Herrschaft der Přemysliden entstandene, ethnisch noch homogene slawische Herzogtum hatte sich allmählich die lateinische Bezeichnung *Boemia* oder *Bohemia*, abgeleitet vom einstigen Siedlungsgebiet der keltischen Bojer, durchgesetzt. Als Lehnwort wurde dieser Landesname ins Deutsche und in andere germanische und romanische Sprachen übernommen, nicht aber ins Tschechische. Dort bildete sich der Begriff *Čechy* heraus, in Anlehnung an den Namen eines im mittleren Böhmen ansässigen Stammes. Da mit dem Landesnamen auch die Landesbewohner bezeichnet wurden, entstanden mit der Einwanderung deutscher Siedler im Laufe des Mittelalters begriffliche Unschärfen. Im deutschen Sprachgebrauch wurden das Wort «Böhmen» und dessen Ableitungen in der Regel in einem territorialen, sprachneutralen Sinn gebraucht; ein Böhme war ein Bewohner des Landes, unabhängig von Sprache und ethnischer Herkunft. Mit der «böhmischen Sprache» allerdings war stets die tschechische gemeint. Das Tschechische wiederum kennt keine Möglichkeit, in einem territorial-staatlichen und national-sprachlichen Sinn zu differenzieren. So kann das Adjektiv *český* sowohl «böhmisch» als auch «tschechisch» bedeuten. Entsprechend unklar blieb, ob man mit einem *Čech* allgemein einen Bewohner des Landes meinte oder eine Tschechisch sprechende Person. Über Jahrhunderte hinweg bestand kein Bedürfnis, das Verhältnis zwischen der böhmischen Nation in einem umfassenden Sinn und der tschechischen Sprache begrifflich zu klären. Im Zuge der nationalen Auseinandersetzungen zwischen Tschechen und Deutschen in der Zeit vom Vormärz bis zur Staatsgründung 1918 wuchsen sich diese Probleme jedoch zu einem Politikum ersten Ranges aus.

«Zumal seit dem Jahre 1848», so hatte es Palacký mit Blick auf die Folgen der revolutionären Ereignisse in seinem Land formuliert, wurde die traditionelle Auffassung, die böhmische Nation sei schon seit langem eine zweisprachige, als unzeitgemäß empfunden. Mit der Nationalisierung der deutschsprachigen und der tschechischsprachigen Bevölkerung hatte sich der historisch und territorial orientierte, zur Versöhnung mahnende Bohemismus als nationenübergreifende Idee weitgehend überlebt. «Wir brauchen ein schlagendes Wort zur Bezeichnung unseres Volksstammes, und das kann *böhmisch* nicht sein, da es zweideutig ist», argumentierte der tschechische Literaturwissenschaftler Arnošt Kraus und schlug die Einführung des Begriffs «čechisch» in deutschsprachigen Texten vor. Dies war allerdings aus zwei Gründen umstritten. Zum einen schwang bei der Verwendung der Bezeichnungen «čechisch» oder «Čeche» in der deutschsprachigen Publizistik stets ein gewisser pejorativer Unterton mit. Zum anderen aber drohte man den Anspruch auf das Gesamtgebiet Böhmens zu verlieren, wenn man die Namensgleichheit zwischen Land und Bevölkerung aufgab. Unter der neuen Selbstbezeichnung «Tschechen» konnte man für eine vermeintlich geschichtslose Sprachgruppe gehalten werden, als «Böhmen» dagegen war man eine historische Nation und stand in der langjährigen Tradition eines mächtigen, eigenständigen Staatsgebildes.

Das Neben- und Gegeneinander verschiedener Identitätsentwürfe führte besonders im 19. Jahrhundert bei Selbst- und Fremdbenennungen zu einer Inflation von Namensvarianten. So entstanden nur schwer zu übersetzende Wortbildungen wie *českoslovanský* und *českoněmecký* (sinngemäß «tschechoslawisch» beziehungsweise «böhmischdeutsch»), die in unterschiedlichen Zusammenhängen ganz Unterschiedliches bezeichnen konnten. Alle politischen Konzeptionen wiederum waren mit bestimmten territorialen Vorstellungen verbunden, die mal die Einheit des Landes, mal eine Aufteilung nach Sprachgebieten oder eine Außenzuordnung – in Richtung gesamtösterreichische Staatsnation, Großdeutschtum oder Slawismus – postulierten. Dass selbst die stabilste Grenzziehung überhaupt, die kirchliche, in Frage gestellt und die Einrichtung «nationaler» Bistümer verhandelt wurde, macht den Ernst, aber auch die Ratlosigkeit gegenüber den politischen und sozialen Problemen in Böhmen um 1900 deutlich.

Neben der Frage, was genau Tschechen und Deutsche eigentlich unter *Čechy* beziehungsweise «Böhmen» verstanden, gibt es ein zweites, im Grunde sehr viel älteres Problem mit dem Landesnamen. Auch hier sind die beiden Titel von Palackýs eingangs genanntem Geschichtswerk aufschlussreich. In der deutschen Fassung genügte die Angabe *Geschichte von Böhmen*, weil mit der einen geographischen Bezeichnung – sprachlogisch recht eigenwillig – nicht nur ein Teilgebiet, das historische Herzogtum und spätere Königreich Böhmen im engeren Sinn, sondern auch das politisch-territoriale Staatsgebilde der böhmischen Länder als Ganzes bezeichnet werden konnte. Im Tschechischen war dies so nicht möglich. Da *Čechy* ausschließlich die Einzellandschaft meint, war hier die Nennung der zweiten, politisch mit Böhmen seit dem Hochmittelalter verbundenen und nach ihrem Hauptfluss March (Morava) benannten Kernregion, Mähren, unabdingbar.

Auch in diesem Fall deuten die semantischen Probleme auf tiefere Spannungen in der Sache hin. Lange Jahrhunderte bildete Mähren – ebenso wie Schlesien und die Ober- und Niederlausitz – eines der sogenannten Nebenländer der *corona Bohemiae*, innerhalb derer Böhmen zwar das Kernland, aber eben nur ein politisches Teilsystem neben anderen darstellte. Da sich ein eigener Name für das Staatsgefüge als Ganzes nicht durchsetzte, war man zu Umschreibungen genötigt. In Anlehnung an die biblische Metapher vom Haupt und seinen Gliedern sprach man von «Böhmen und den ihm einverleibten Ländern» (*Čechy a země inkorporované*) oder den «Ländern der Wenzelskrone» (*země koruny svatováclavské*), später dann kurz von den «böhmischen Ländern» (*země české*). Noch diese Umschreibungen lassen die innere Hierarchisierung des Länderverbands erkennen.

Die Erfahrungen mit diesem Staatsverständnis, aus dem der böhmische Adel einen Führungsanspruch über die anderen Territorien ableitete, sollten Mentalität, Rechtsempfinden und politische Orientierung namentlich der Mährer bis in die Zeit der tschechischen Nationalbewegung zutiefst prägen. Schon Tomáš Pešina von Čechorod, der Vater der mährischen Geschichtsschreibung, hatte Ende des 17. Jahrhunderts eine «mährische Nation» von der «böhmischen» unterschieden. Während des ganzen 19. Jahrhunderts noch war es üblich, von einer eigenständigen «mährischen Sprache» auszugehen. Entsprechend schwer taten sich die Tschechisch sprechenden Mährer, den Terminus *český* anzunehmen, der in dieser Zeit noch eine vorwiegend territoriale Bedeutung hatte. Die Tatsache, dass ein Gesamtbegriff für die Slawen aus Böhmen und Mähren, die sich alle derselben tschechischen Sprache bedienten, fehlte, lässt auch der Titel von Palackýs auf Tschechisch publiziertem Geschichtswerk erkennen.

Fanden diese Fragen letztlich bald eine Klärung, so brachte das 20. Jahrhundert mit Blick auf den Zusammenhang von Territorium, Sprache und Nation eine Fülle neuer Probleme mit sich. Sie wurden noch einmal deutlich, als der Name des 1918 begründeten gemeinsamen Staates von Tschechen und Slowaken allein im Jahr 1990 zweimal geändert wurde – der Streit um die Kurzform wie um die Langform der Landesbezeichnung wurde gar als «Gedankenstrich-Krieg» (*pomlčková válka*) bezeichnet. Nach der Auflösung der Tschechoslowakei zum 1. Januar 1993 flammten abermals heftige Diskussionen auf, wie man den westlichen Staat künftig bezeichnen solle. Im Gespräch waren *Česko*, auch *Česko-moravsko*, durchgesetzt hat sich schließlich als Staatsname *Česká republika*. Welchen Namen aber soll man im Deutschen verwenden, will man nicht die offizielle, für den Alltagsgebrauch umständliche Bezeichnung «Tschechische Republik» wählen? Einige Formen scheiden faktisch aus, etwa der

1992 in Prag vorgeschlagene Name «Tschechenland», der ungute Erinnerungen an den sogenannten Volkstumskampf des frühen 20. Jahrhunderts weckt, oder die nicht minder negativ besetzte Vokabel «Tschechei», andere – «Böhmen» und «böhmische Länder» etwa – haben im Grunde eine zu wechselvolle Eigengeschichte.

Für den deutschen Sprachraum bietet sich das vergleichsweise neutrale «Tschechien» an, ein Begriff, der schon im 19. Jahrhundert Verwendung fand und den Vorteil hat, nicht mit dem Namen eines der historischen Länder deckungsgleich zu sein. Trotzdem kann und muss die in diesem Band verwendete Begrifflichkeit in bestimmten Epochen wechseln.

II. Das Zeitalter der Přemysliden

Herrschaftsbildung und Christianisierung

Im östlichen Europa, in den Regionen jenseits der römischen und frühchristlichen Welt, lassen sich bis zum 9. Jahrhundert weder politische noch kulturelle Einheiten erkennen, die sich deutlich von ihrer Umgebung abhoben. In auffallender Strukturähnlichkeit vollzog sich dann jedoch innerhalb von zwei Jahrhunderten ein Wandel von akephalen Stammesgesellschaften hin zu dauerhaften Herrschaftsbildungen, in denen es einer Familie gelang, die fürstliche Alleinherrschaft über ein mehr oder weniger fest umgrenztes Territorium zu erlangen. Während die zwischen Ostsee und Adria neu entstandenen Staatsgebilde Polen, Böhmen und Ungarn in dieser Phase in die römisch-lateinische Westkirche integriert wurden, fand die Kiewer Rus' Anschluss an den byzantinischen Kulturkreis und wurde der griechisch-orthodoxen Kirche angegliedert. Beide Prozesse, die politisch-staatliche Formierung und die Christianisierung, waren eng miteinander verschränkt und verstärkten sich wechselseitig.

In Böhmen war es das Fürstenhaus der Přemysliden, unter deren Herrschaft sich im 9. und 10. Jahrhundert der Weg zu räumlicher Integration und politischer Zentralisierung abzeichnete. Die Familie hatte ursprünglich nur eines von mehreren Siedlungsgebieten an der unteren Moldau beherrscht, dann aber Zug um Zug rivalisierende Lokalfürsten anderer slawischer Sippen, die während des 6. und 7. Jahrhunderts von Osten in den von germanischen Stämmen verlassenen Raum eingewandert waren, mit ihrer Gefolgschaft unterwerfen können. Die künftigen Herren des Landes machten Prag zu ihrem Fürstensitz. Ihre Stammburg, der Hradschin, entwickelte sich zum Herrschafts- und Verwaltungsmittelpunkt ganz Böhmens und wurde mit der Gründung des Bistums Prag 973 auch zum Zentrum einer selbständigen Kirchenorganisation im Land. Die Přemysliden, die bis zu ihrem Aussterben 1306 in Prag residierten, gelangten nicht nur in den Besitz der Königswürde, sie brachten auch den wichtigsten Landespatron und «politischen» Heiligen hervor. Der wohl im Jahr 935 ermordete Herzog Wenzel (Václav), dessen Gebeine man nach Prag überführte und in der Veits-Rotunde auf dem Hradschin beisetzte, wurde schon früh als Märtyrer verehrt. Als Identifikationsfigur spielte der christliche Herrscher, der in späteren Jahrhunderten zum Repräsentanten und Symbol aller nach ihm benannten «Länder der Wenzelskrone» wurde, für die ideologische Festigung des Herrschaftsgebietes eine bedeutende Rolle.

Die Přemysliden waren es schließlich auch, die Mähren im frühen 11. Jahrhundert auf Dauer in den böhmischen Machtbereich eingliederten. Bis dahin hatte das verkehrsgünstig zur Donau gelegene Land an der March eine eigene, von den tschechischen Nachbarstämmen im Westen teilweise unabhängige Entwicklung durchlaufen. Von den Stämmen Mährens war unter Führung der Mojmiriden im 9. Jahrhundert sogar eine erste westslawische, weitausgreifende Herrschaftsbildung ausgegangen, die heute zumeist als «Großmährisches Reich» bezeichnet wird. Als militärisch unterworfenes Land besetzten die Přemysliden Mähren mit eigenen Gefolgsleuten und errichteten eine an Burgbezirken orientierte Verwaltung wie in Böhmen. Um die Kontrolle auch der kirchlichen Organisation zu gewährleisten, erneuerten sie überdies 1063 das bereits ein Jahrhundert zuvor erwähnte

Bistum Olmütz. Da die mährischen Bischöfe durch den Herzog von Böhmen ernannt wurden, entwickelte sich das Bistum zu einem wichtigen Bindeglied zwischen beiden Territorien. Die Ende des 11. Jahrhunderts sowohl politisch als auch kirchlich gefestigten Herrschaftsbereiche der přemyslidischen Fürsten, deren äußere Grenzen seither erstaunlich stabil blieben, wuchsen in der Folgezeit auch in sozialer Hinsicht weiter zusammen.

Herrschaftsbildung und Christianisierung hatten sich im Spannungsfeld der miteinander konkurrierenden römischen Reiche, des fränkischen im Westen und des byzantinischen im Osten, und damit auch verschiedener Herrschafts- und Kultureinflüsse, Kulte und Kultsprachen vollzogen. Jede kirchliche Organisation förderte die innere Konsolidierung eines Territoriums und begründete vielfältige Kulturkontakte, zog aber gleichzeitig eine politische Abhängigkeit nach sich. Die von Regensburg, Passau, Salzburg und Aquileja ausgehende Slawenmission hatte bis Mitte des 9. Jahrhunderts auch Böhmen und Mähren erfasst. Dass sich im Jahr 845 in Regensburg mehr als ein Dutzend böhmische Stammesfürsten taufen ließen, bedeutete nicht nur den Anschluss an die Reichskirche, sondern faktisch auch eine Anerkennung der ostfränkischen Oberhoheit. Dass sich nur wenig später mährische Fürsten anschickten, eben diese Oberhoheit abzuschütteln und die politische Selbständigkeit durch kirchliche Unabhängigkeit zu untermauern, hatte umgekehrt eine neue Ausrichtung zur griechisch-orthodoxen Kirche und nach Byzanz zur Folge.

Die Erfolge der Brüder Konstantin (Kyrill) und Method, die 863/64 mit einer griechischen Missionsgesandtschaft nach Mähren gekommen waren und dort mehrere Jahre lehrten, stellten das frühere bayerische Bekehrungswerk bald in den Schatten. Die beiden Gelehrten, von ihrer mazedonischen Heimat Thessaloniki her mit dem Slawischen vertraut, predigten anders als die Mönche des lateinischen Ritus in ihrer Muttersprache. Um die Bibel und liturgische Schriften in die Sprache des Volkes übertragen zu können, schufen sie mit der Glagolica – der Vorgängerin der Kyrillica – eine völlig neue, slawische Schrift.

Die politische Situation schien die neue kirchliche Entwicklung anfangs zu begünstigen. Die mährischen Fürsten agierten geschickt zwischen den umliegenden weltlichen und geistlichen Machtzentren und konnten für ihren Plan, eine eigene Kirchenorganisation mit slawischer Liturgie durchzusetzen, sogar den Papst auf ihre Seite ziehen. Mit dem Zusammenbruch ihres Reiches durch die magyarische Expansion Anfang des 10. Jahrhunderts gewann jedoch die lateinisch-fränkische Partei erneut die Oberhand. Die Verbindungen zum oströmischen Reich wurden durch das Vordringen der Magyaren unterbrochen und rissen nach 1054, als es zum endgültigen Bruch zwischen Rom und Byzanz kam, gänzlich ab. Hatten zunächst slawische Priester und Mönche Einfluss genommen auf die Ausbreitung und Festigung des Christentums im Land, so übernahmen diese Aufgaben nun Kleriker aus Bayern und Sachsen. Politisch und kirchlich verschob sich die Initiative wieder auf den böhmischen Herrschaftsraum der Přemysliden, der, gefördert durch die Einbindung Prags in den Mainzer Metropolitanverband, in die lateinische Reichskirche hineinwuchs und immer stärker an der Macht- und Kulturentfaltung des ottonischen Königtums partizipierte.

Politische Konsolidierung und territoriale Expansionsziele

Die böhmischen Länder, in der östlichen Einflusssphäre des römisch-deutschen Reiches gelegen, hatten zum mächtigen Nachbarn im Westen ein ambivalentes, von konkreten Machtkonstellation und politischen Interessen bestimmtes Verhältnis, in dem Rangfragen, Herrschaftssymbole und ritualisierte Gesten eine große Rolle spielten. Es konnte sich um ein reines Tributverhältnis handeln, das im Mittelalter vielerorts bestand und nur eine lockere, eher förmliche Oberhoheit begründete. Die Gewichte konnten sich aber auch in die andere Richtung verschieben, so etwa im 12. Jahrhundert, als die Stauferkaiser eine vollständige Eingliederung Böhmens und Mährens in den Reichsverband anstrebten. Umgekehrt suchte der böhmische Herzog oft selbst eine engere Anlehnung an das Reich, die für seine eigene Machtstellung im Inneren durchaus vorteilhaft sein konnte. Vor allem im

13. Jahrhundert waren die Přemysliden bei allen Auseinandersetzungen innerhalb wie außerhalb des Reiches ernstzunehmende Konkurrenten der anderen Reichsfürsten.

Trotz der formal engen Bindung an das Reich hatten die böhmischen Herzöge nur geringe Lehenspflichten; sie waren zur Teilnahme an Hoftagen, nicht aber zu regelmäßiger Heerfolge verpflichtet. Entscheidender war jedoch, dass die deutschen Könige und Kaiser im Allgemeinen nicht in die inneren Verhältnisse Böhmens und Mährens eingriffen, sich das Land also im Vergleich zu anderen Fürstentümern des Reiches weitaus eigenständiger entwickeln konnte. Zweimal, 1085 und 1158, erlangte ein *dux Boemiae* den Königstitel, der allerdings ohne Zustimmung des Papstes noch auf den jeweiligen Herzog beschränkt geblieben war. Kaiser Friedrich II. bestätigte die erbliche Königswürde, die Přemysl Otakar I. im Jahr 1198 erlangt hatte, nochmals ausdrücklich 1212 in der Goldenen Bulle von Sizilien. Diese enthielt präzise Bestimmungen zur freien Königswahl, zur territorialen Integrität der přemyslidischen Länder und zu deren weitgehender innerer Unabhängigkeit vom Reich. Der böhmische Herrscher war in den kommenden Jahrhunderten der einzige Fürst, der im Reich neben dem römisch-deutschen König den Königstitel innehatte.

Seit der Begründung der mährischen Teilfürstentümer war es wiederholt zu schweren innerfamiliären Auseinandersetzungen zwischen den in Brünn, Olmütz und später auch in Znaim residierenden Přemysliden und Angehörigen der in Prag regierenden Dynastie gekommen. Trotz der mitunter langjährigen Thronstreitigkeiten, die mit der Suche nach Bündnispartnern, entsprechenden Eheschließungen und wechselnden Interventionen von außen verbunden waren, konnte die Einheit Böhmens und Mährens im 12. Jahrhundert gewahrt werden. Um 1200 starben die meisten Nebenzweige der mährischen Přemysliden aus. Mähren blieb zwar eine eigenständige Markgrafschaft – zu einer solchen hatte der Kaiser 1182 die *terra Moraviae* erhoben – und wahrte ein spezifisches Eigenbewusstsein, wurde aber fortan von den Prager Přemysliden regiert. Seit Mitte des 13. Jahrhunderts trugen die böhmischen Könige, von einer kurzen Phase am Vorabend des Dreißigjährigen Krieges abgesehen, stets auch den mährischen Markgrafentitel.

Mit der Konsolidierung ihrer Herrschaft im Innern gewannen die Přemysliden neuen Spielraum, ihre Machtstellung auch gegenüber den Nachbargewalten zu erweitern. Vor allem unter der Regierung Přemysl Otakars II., die den Höhepunkt der Expansionspolitik Böhmens im 13. Jahrhundert bildete, schien sich eine neue Großreichbildung im östlichen Mitteleuropa anzubahnen. Der Zeitpunkt war günstig, denn 1246 waren in Österreich die Babenberger in männlicher Linie ausgestorben. Noch bevor Přemysl Otakar 1253 in Böhmen die Krone übernahm, hatte sich der um 1232/33 geborene Thronfolger bereits in Österreich etablieren und dort gegen seinen Hauptgegner, den König von Ungarn, behaupten können. Der Ehrgeiz, aber auch der Weitblick des «Eisernen» oder «Goldenen Königs», wie er bald genannt wurde, lässt sich an den Plänen Přemysl Otakars II. erkennen, den gesamten Raum zwischen Ostsee und Adria politisch wie kirchlich neu zu ordnen. Er führte zur Unterstützung des Deutschen Ordens mehrere Kreuzzüge gegen die heidnischen Litauer und Pruzzen, brachte neben dem Herzogtum Österreich auch die Steiermark, Kärnten, Krain und das Egerland in seine Gewalt und stieg zum mächtigsten Fürsten seiner Zeit im römisch-deutschen Reich auf. Dort erwuchs ihm mit Rudolf von Habsburg, der 1273 zum König gewählt worden war, ein gefährlicher Gegner. Der von Přemysl Otakar II. als *comes humilis*, als «niederer Graf», verspottete Habsburger verstand es, den böhmischen König politisch immer mehr zu isolieren. Nach einem ersten Feldzug gegen Přemysl Otakar II. 1276, der für diesen katastrophal verlief, kam es zwei Jahre später erneut zum Zusammenstoß beider Kontrahenten. In einer der größten Ritterschlachten Europas fand der fünfundvierzigjährige Böhmenkönig bei Dürnkrut auf dem Marchfeld den Tod.

Trotz des Sieges von Rudolf über seinen größten Rivalen brach die Herrschaft in den Stammlanden der Přemysliden nicht vollständig zusammen. Kunigunde von Ungarn, die zweite Ehefrau Přemysl Otakars II., hatte bereits 1271 nach zwei Töchtern einen legitimen Erben, Wenzel (II.), zur Welt gebracht. Der Bestand der Dynastie schien damit gesichert. Da der Thronerbe beim Tod seines Vaters allerdings noch unmündig war, der Adel aber umgehend königliche Güter besetzte und zudem Hand an das Kirchengut legte, brach 1278 in Böhmen eine langjährige Herrschaftskrise aus. Trotz des schwierigen Erbes gelang es Wenzel II. jedoch, die Machtpolitik seiner Vorgänger nochmals aufzunehmen und – zumindest für kurze Zeit – nach den Kronen von Polen und Ungarn zu greifen. Wenzel II. starb 1305. Sein Sohn und Nachfolger, Wenzel III., fiel nur ein Jahr später, kurz vor einem Feldzug gegen Polen, einem Attentat zum Opfer. Mit dem Tod des Siebzehnjährigen erlosch 1306 die männliche Linie der Přemysliden, die vier Jahrhunderte lang an der Spitze Böhmens gestanden hatten und über ihre politische Herrschaft hinaus zum Sinnbild von Staat und Nation geworden waren.

Landesausbau und Städtewesen

Die Machtentfaltung der böhmischen Könige im 13. Jahrhundert war vor allem durch eine Straffung der Herrschaftsstrukturen, die Intensivierung der Binnenkolonisation, des Handels sowie des Gold- und Silberbergbaus und den planmäßigen Ausbau städtischer Siedlungen möglich geworden. Die landwirtschaftliche Ertragsfähigkeit konnte mit Hilfe fortschrittlicher Anbaumethoden und technischer Neuerungen – vom Wendepflug, der den älteren Haken- oder Rührpflug verdrängte, bis hin zu Getreidemühlen, Sägewerken und Anlagen zur Be- und Entwässerung – erheblich gesteigert werden. Durch wirtschaftliche Reformen, die Mobilisierung der heimischen Ressourcen und ein effizienteres Abgaben- und Zollsystem verstanden die Herrscher ihre Einnahmen deutlich zu erhöhen. Diese Vorgänge waren nicht nur prägend für Böhmen und Mähren, sondern auch für andere Gebiete im östlichen Europa, die durch Landesausbau und Siedlungsverdichtung in der Zeit zwischen 1150 und 1350 eine durchgreifende Umgestaltung in sozioökonomischer und rechtlicher Hinsicht erfuhren.

Bei der Rodungs- und Kolonisationstätigkeit arbeiteten Herrscher, Adel, Kirche und Klöster in der Regel Hand in Hand. Da es seit dem 12. Jahrhundert in Böhmen und Mähren mehr Arbeitsmöglichkeiten als Arbeitskräfte gab, warb man vor allem in der westlichen Nachbarschaft, in Bayern, Franken und Meißen, rodungs- und siedlungswillige Bauern an und sicherte ihnen eine privilegierte Rechtsstellung zu. Deutsche und deutschrechtliche Siedlung sind dabei nicht identisch, denn das *ius Theutonicum* verliehen adlige und kirchliche Grundherren bald auch Dörfern mit alteingesessener tschechischer Landbevölkerung, um beim Ausbau des älteren Kulturlandes um die přemyslidischen Burgen und Adelssitze im Landesinnern Schritt halten zu können. Mit den Menschen kamen neue Dorftypen und Flurformen. Weite, landwirtschaftlich bisher kaum genutzte Flächen vor allem in den Randgebieten Böhmens und Mährens konnten auf diese Weise innerhalb von wenigen Generationen bestellt und dauerhaft besiedelt werden.

Parallel zur ländlichen Kolonisation, die anfangs stärker Adel und Kirche zugute kam, entstand auf landesherrliche Initiative ein dichtes Netz neuer Städte. Meist stiegen ältere, schon bestehende Siedlungen, die sich unter dem Schutz einer Burg oder eines befestigten Klosters gebildet hatten, mit der allmählichen Besiedlung des Hinterlandes zu Städten auf; Stadtgründungen «aus wilder Wurzel» waren dagegen ausgesprochen selten. Geographisch lagen die Städte in drei Großregionen: in Nordmähren (Leobschütz, Freudenthal, Troppau, Benisch, Mährisch Neustadt, Olmütz), Südmähren (Znaim, Göding, Iglau, Brünn) und Nordwestböhmen (Königsberg an der Eger, Saaz, Kladrau, Aussig, Leitmeritz und die beiden Prager Städte). Die Gründung selbst war vor allem ein rechtlicher Akt, denn sie war mit Anerkennung und Schutz der städtischen Freiheiten verbunden. Aus welcher Richtung die Stadtverfassung übernommen wurde, hing vor allem von den zugezogenen Siedlern ab. Die ältesten Städte in Nordmähren gehörten vollständig zum Einflussbereich des Magdeburger Rechts, andernorts dienten andere Rechtsvarianten – aus Wien, süddeutschen oder auch einheimischen, schon bestehenden Städten in der Nähe – als Muster. Da die Přemysliden an einer möglichst raschen und großen Silberförderung interessiert waren, gewannen Bergstädte wie Mies,

Iglau und Kuttenberg besondere Bedeutung. Doch auch hier stieß der Herrscher schon bald auf die Konkurrenz des Hochadels: Um ein Gegengewicht zur königlichen Stadt Iglau zu schaffen, gründete beispielsweise Smil Světlický von Lichtenburg, ein Rivale Přemysl Otakars II., um 1257 am Fuß der böhmisch-mährischen Höhe die Stadt Deutschbrod, nachdem dort reiche Silbererzlager gefunden worden waren.

Im Zuge der mittelalterlichen Siedlungsdynamik wandelten sich nicht nur die agrarischen und die städtischen, sondern auch die sprachlichen Verhältnisse in Böhmen und Mähren fundamental. Die von städtischen Kanzleien angelegten Stadt- und Rechtsbücher belegen, dass die Bevölkerung der neu gegründeten Städte, allen voran der Bergstädte, in weiten Teilen deutsch geprägt war. Im ländlichen Raum, wo sich teils geschlossene deutschsprachige Gebiete, teils Sprachinseln herausbildeten, fällt ein Urteil aufgrund der nur dünnen Quellengrundlage ungleich schwerer. Unstrittig ist, dass die deutsche Sprache im Land neben dem Tschechischen geläufig wurde und es im Alltag auf zahlreichen Feldern zu einer slawisch-deutschen Kulturbegegnung kam. Mit dem Zuzug von Fachleuten und Bauern aus dem Reichsgebiet entwickelten sich die böhmischen Länder zu zweisprachigen Territorien. Der größte Anteil an dieser Entwicklung wird allgemein König Přemysl Otakar II. zugeschrieben, der das Siedlungswerk mit besonderem Nachdruck betrieb und dabei nicht nur Deutsche, sondern auch Juden in den Städten ansiedelte und deren Stellung rechtlich absicherte.

Adel und Königtum

Die Politik Přemysl Otakars II. fand freilich nicht nur Zustimmung. In mehreren Chroniken des ausgehenden 13. Jahrhunderts wurde den *Theutonici*, die «wie Stechmücken» in das Land geströmt seien, die Verantwortung für beinahe alle innen- wie außenpolitischen Missstände der Zeit zugeschrieben. Die größte Bekanntheit erlangte die um 1315 verfasste volkssprachliche Reimchronik des sogenannten Dalimil, die erste Chronik in tschechischer Sprache überhaupt. Die Position des unbekannten

Autors war eindeutig: Der König habe den Deutschen freigiebig Städte und Dörfer übergeben, die Seinen aber durch tyrannische Willkürakte geknechtet und sich so der eigenen Nation entfremdet. Die Kritik mündete in den Vorwurf, der König habe die Tschechen regelrecht ausrotten wollen. Das beliebte, in etlichen Abschriften überlieferte Werk gibt zwar zahlreiche Anhaltspunkte für die weitverbreitete Abneigung gegen Landfremde, ist aber kein Beleg für einen schon im Mittelalter bestehenden Antagonismus zweier ethnischer, klar voneinander abzugrenzender Großgruppen in Böhmen und Mähren. Im Kern ging es vielmehr um eine Auseinandersetzung zwischen den Eliten des Landes und dem Herrscher. Der Autor vertrat vehement die Interessen des Adels gegen ein starkes Königtum und hoffte, durch die Art seiner Darstellung auch außerhalb dieser Gruppe Gehör zu finden.

Gestützt auf die ihm zugewachsenen Güter und politischen Rechte, hatte sich der Adel aus der Abhängigkeit vom Fürsten allmählich lösen und bis zum 13. Jahrhundert zu einer geschlossenen Gesellschaftsschicht formieren können. Als organisierte Gemeinschaft mit eigenem Siegel und Gericht trat der zahlenmäßig bedeutende Adel Böhmens, der 1216 als *universitas magnatum et nobilium*, als Gemeinschaft der Großen und Edlen, bezeichnet wurde, dem Landesherrn schon früh selbstbewusst gegenüber. Nicht in rechtlicher, aber in sozialer Hinsicht wurde dabei sowohl in Böhmen als auch in Mähren früh eine Zweiteilung des Adels erkennbar. Über den niederen Adligen (Rittern) etablierte sich eine Gruppe einflussreicher Magnaten (Herren), die für ihre Dienste vom Fürsten mit Ländereien entlohnt worden waren und diese zu großen Herrschaften vereinten. Über dieses Eigengut konnten sie frei verfügen. Es gelang den Hochadligen, die eigene Burgen errichteten und sich – wie die Herren von Riesenburg, Sternberg oder Wartenberg – nach diesen benannten, während des Landesausbaus, ihren Grundbesitz vor allem in den Randlandschaften zu erweitern. Dies gilt etwa für die weitverzweigten Witigonen, die späteren Herren von Rosenberg, die in Südböhmen eine riesige, weitgehend geschlossene Territorialherrschaft aufbauten und innerhalb weniger Generationen zu ernsthaften Konkurrenten der přemyslidischen Könige heranwuchsen.

Die Teilnahme des privilegierten Adels an den Staatsgeschäften vollzog sich parallel zum Aufbau einer leistungsfähigen Zentralverwaltung und Rechtsprechung durch den Herrscher. Ihren Ausgang nahm die Landesverwaltung am Prager Hof, wo mit den im 11. Jahrhundert eingerichteten Hofämtern (Truchsess, Mundschenk, Marschall, Kämmerer) gesicherte Stellen zur Verfügung standen, deren Aufgaben sich am leichtesten durch spezielle Funktionen ergänzen oder neu bestimmen ließen. Einer den Bedürfnissen des Hofes angemessenen Verwaltung, die vor allem die Geldbeschaffung effizient und kontrollierbar machen sollte, genügten die älteren Einrichtungen allerdings schon im 13. Jahrhundert nicht mehr. So entstanden unter Přemysl Otakar II. das Amt des Hofrichters, der den König in der ihm vorbehaltenen Gerichtsbarkeit vertrat, und das des Unterkämmerers, der die im Zuge des Landesausbaus entstandenen königlichen Städte beaufsichtigte und deren Einnahmen verwaltete. Mit der Erweiterung der landesherrlichen Verwaltungsaufgaben wurde die Hofkanzlei, die einem geistlichen Würdenträger, dem Propst des Domkapitels von Wyschehrad, unterstand, nach 1247 spürbar aufgewertet. Ähnlich wie in Böhmen entwickelten sich die Rechtsinstitutionen auch in Mähren. Eine Besonderheit stellte hier das Bistum Olmütz dar, dessen Bischöfe einen eigenen Hof unterhielten und lange Zeit einen vergleichsweise unabhängigen Machtfaktor bildeten.

Über die Hof- und Verwaltungsämter, die größtenteils in die Hände des Adels gelangten, konnte dieser nicht nur seine eigene Machtstellung ausbauen, sondern auch die Ämter selbst zu Landesämtern umgestalten. Der König behielt zwar nominell das Recht, die höchsten Beamten einzusetzen, hatte aber immer häufiger auf den Adel und dessen führende Repräsentanten Rücksicht zu nehmen. Das Hofgericht wandelte sich zu einem ausschließlich mit adligen Schöffen besetzten Landgericht («Landrecht»), das sich weniger der herrscherlichen Zentralgewalt verpflichtet sah als vielmehr dem Adel, der sich zunehmend als Vertretung des gesamten Landes verstand. Die landrechtlichen

Urteilssprüche wurden seit 1287 in die sogenannten Landtafeln eingetragen, die gleichzeitig der Sicherung des adligen Grundbesitzes dienten. Die in dieser Zeit aus den älteren Hoftagen entstandenen Landtage, an denen neben Adel und Geistlichkeit bald auch regelmäßig Vertreter der Städte teilnahmen, verselbständigten sich nach und nach zum zentralen Forum der Ständemacht in Böhmen und Mähren.

Die Konfrontation zwischen Adel und Königtum, die sich zum ständisch-monarchischen Dualismus fortentwickelte, prägte Politik, Gesellschaft und Kultur auf vielfältige Weise. Welche Macht namentlich den Herrenfamilien unterdessen zugewachsen war, zeigten die innenpolitischen Ereignisse unter den letzten Přemysliden. Gegen den Widerstand der Magnaten, die sich nach dem Tod Přemysl Otakars II. 1278 zahlreicher landesherrlicher Güter und Rechte bemächtigt hatten, gelang es König Wenzel II. nicht einmal, eine Kodifikation des Landrechts durchzusetzen. Der Machtkampf konnte sich aber auch als Wettbewerb erweisen. So wurden an den Herrensitzen – dem Inbegriff adliger Repräsentation – Literatur, Gesang und ritterliche Lebensformen heimisch. Im südböhmischen Neuhaus, der Residenz des gleichnamigen Herrengeschlechts, wirkten Minnesänger und Dichter wie Ulrich von Liechtenstein. Hier entstand auch eine Redaktion der deutschen «Alexandreïs» Ulrichs von Eschenbach.

III. Die böhmischen Länder im 14. Jahrhundert

Die Herrschaft der Luxemburger

Dem Tod des letzten Přemyslidenherrschers 1306 folgten Jahre schwerer innenpolitischer Auseinandersetzungen, in denen sich keine der um den Thron kämpfenden Nachbardynastien, weder die Habsburger noch die Wittelsbacher, in Böhmen durchsetzen konnte. Dass 1310 ausgerechnet ein Mitglied des linksrheinischen Hauses Luxemburg, einer deutschen Grafenfamilie französischer Muttersprache, das přemyslidische Erbe antrat, verdankte sich vor allem den anhaltenden Differenzen zwischen Adel, Patriziat und Klerus in Böhmen. Um den Frieden im Land wiederherzustellen, hatten sich einzelne Ständevertreter an Heinrich VII. gewandt – der Luxemburger war selbst erst zwei Jahre zuvor völlig überraschend zum römischen König gewählt worden – und dessen Sohn Johann als neuen Thronkandidaten ins Gespräch gebracht. Das Ergebnis der Verhandlungen war die Vermählung von Heinrichs erst vierzehnjährigem Erstgeborenen mit der vier Jahre älteren Tochter Wenzels II., Elisabeth, sowie die anschließende Wahl Johanns zum böhmischen König.

Im Gegensatz zur früheren heimischen Herrscherfamilie waren die Luxemburger, die bis 1437 in Prag regieren sollten, viel stärker in außerböhmische Handlungsfelder und Beziehungsnetze eingebunden. Mehrfach stellten sie römische Könige und Kaiser. In ihrer Reichs-, Europa- und Hausmachtpolitik spielten die böhmischen Länder, die sie territorial erheblich zu erweitern und innerlich zu festigen verstanden, gleichwohl eine wichtige Rolle. Als Zentrum der luxemburgischen Hausmacht in Ostmitteleuropa erreichte Böhmen unter Karl IV., der markantesten politischen und geistigen Herrscherfigur des gesamten 14. Jahrhunderts, einen Höhepunkt an europäischer Geltung. Die Hauptstadt Prag, von der aus mehrere Generationen lang das ganze römisch-deutsche Reich regiert wurde, erfuhr in dieser Phase einen gewaltigen Aufschwung und erlangte den Ruf der «Goldenen Stadt». An diese Entwicklung konnten die Nachfolger Karls IV., sein Sohn Wenzel IV. und dessen Halbbruder Sigismund, allerdings nicht anknüpfen. In ihre Regierungszeit in Böhmen fällt zudem die krisenhafte Zuspitzung im Innern, zu der durch Pestwellen verursachte Bevölkerungsverluste und wirtschaftliche Rückschläge ebenso beitrugen wie die stetig wachsende Gesellschafts- und Kirchenkritik. Die religiöse und sozialrevolutionäre Bewegung der Hussiten im frühen 15. Jahrhundert schließlich wurde zu einer massiven Herausforderung für die luxemburgischen Herrscher, aber auch für die Autorität der Krongewalt überhaupt.

Angesichts der starken und selbstbewussten Adelsmacht hatte es die erste Generation der Luxemburger noch schwer, in Böhmen und Mähren Fuß zu fassen. Von den 36 Jahren seines Königtums war Johann, der sich an seinem Prager Hof vor allem auf deutsche und französische Berater stützte, nicht einmal die Hälfte der Zeit in seinem höchstrangigen Territorium präsent. Die längste Zeit seines Lebens verbrachte er mit kriegerischen und diplomatischen Unternehmungen, die den Umfang seines böhmischen Herrschaftsgebietes zum Teil erheblich erweiterten. So konnte er nach dem Aussterben der Askanier in Brandenburg 1319 einen Teil der an Böhmen angrenzenden Oberlausitz erwerben. Als Dank für Johanns Unterstützung im deutschen Thronstreit wurde der Krone Böhmen drei Jahre später das Egerland als Reichspfandschaft übertragen. Besonders erfolgreich war Johann mit Blick auf die schlesischen Fürstentümer, die sich im Laufe des 13. Jahrhunderts von Polen gelöst und verselbständigt hatten. Konfrontiert mit neuerlichen Ansprüchen des polnischen Königs, begaben sich Ende der 1320er Jahre alle ober- sowie ein Teil der niederschlesischen Herzöge in böhmische Lehensabhängigkeit – wegen des größeren Schutzes, den die Luxemburger versprachen, aber auch aufgrund ökonomischer Vorteile.

Der 1316 in Prag geborene und nach dem Landespatron Wenzel benannte Thronfolger hatte sein Geburtsland mit sieben Jahren verlassen, war in Paris erzogen worden und hatte erst bei der Firmung den Namen seines Onkels und Firmpaten, König Karls IV. von Frankreich, erhalten. Als Achtzehnjähriger kehrte der Luxemburger Karl nach Böhmen zurück. Folgt man seiner Autobiographie, fand er das Land gänzlich verwahrlost vor. Umso bestechender ist, mit welcher Umsicht und Energie Karl – seit 1334 zunächst als Markgraf von Mähren, nach dem Tod des Vaters 1346 dann als König von Böhmen – die Königsmacht und mit ihr den gesamten Länderverband innerhalb weniger Jahrzehnte stärken konnte. Militärische Mittel setzte er dazu, ganz im Gegensatz zu seinem Vater, kaum ein. Obwohl er ebenso wie sein Großvater die Kaiserkrone erlangte, war Karl bemüht, die politische wie kirchliche Unabhängigkeit der böhmischen

Länder vom Reich zu erhöhen und so die luxemburgische Hausmacht nachhaltig zu festigen. Die Bevorzugung der böhmischen Belange veranlasste spätere Geschichtsschreiber zu dem umstrittenen Ausspruch, Karl sei zwar Vater Böhmens, aber Stiefvater des Reiches gewesen – *pater Bohemiae, vitricus Imperii.*

Im Jahr 1344 gelang auf Drängen Karls hin noch zu Johanns Lebzeiten die schon von den Přemysliden angestrebte Abtrennung Prags von der Mainzer Kirchenprovinz. Das Zentrum der luxemburgischen Herrschaft wurde nun als Sitz eines Erzbistums auch in religiöser Hinsicht zum Mittelpunkt. Bemerkenswert sind die Argumente des Papstes für die Errichtung einer eigenen böhmisch-mährischen Kirchenprovinz, der neben dem älteren Olmütz das neugegründete Leitomischl als Suffragane angehörten. So hätte die Verschiedenheit der Sprachen eine Verständigung zwischen den Slawen *in regno Boemie* und den Deutschen in den anderen Gebieten des Mainzer Kirchensprengels erschwert. Mit der Goldenen Bulle von 1356, in der Böhmen als «vornehmstes Glied des römischen Reiches» bezeichnet und seinem König der erste Rang unter den weltlichen Kurfürsten eingeräumt wurde, fixierte Karl auch reichsrechtlich die Eigenständigkeit der böhmischen Länder. Deren Territorium erweiterte er um die Niederlausitz sowie um Schweidnitz-Jauer, das letzte noch nicht zur Krone Böhmen gehörende schlesische Fürstentum. Als neuartigen und umfassenden Begriff für alle Teilgebiete in Böhmen, Mähren, Schlesien und den Lausitzen prägte Karl IV. den Ausdruck *corona Bohemiae.* Durch ihn vereinheitlichte er nicht nur die Rechtsbindungen dieser Territorien untereinander und zur regierenden Dynastie, sondern verhalf auch einer gleichermaßen einheitsstiftenden wie identitätsfördernden Staatsidee zum Durchbruch. Der Kronbegriff band Königtum und Stände, die beiden wichtigsten Machtfaktoren im Land, und verpflichtete sie symbolisch zum gemeinsamen Dienst am Gemeinwohl.

Realpolitisch geriet die Monarchie nach Karls Tod 1378 allerdings in eine tiefe Krise, die mit den Namen zweier Söhne verbunden wird: Der älteste, Wenzel (IV.), der schon 1363 im dritten Lebensjahr die böhmische Krone erhalten hatte, regierte das

Land bis zu seinem Tod 1419; ihm folgte der fünf Jahre jüngere, zuvor bereits mehr als drei Jahrzehnte in Ungarn herrschende Sigismund nach, dessen Regierungszeit in Böhmen bis 1437 zur Gänze von der militärischen Auseinandersetzung mit den Hussiten geprägt war. Neben persönlichen Schwächen der letzten beiden Könige aus dem Haus Luxemburg in Böhmen, innerdynastischen Rivalitäten und allgemeinen, in weiten Teilen Europas zu beobachtenden Krisenmomenten war es die Lage im Land selbst, die zu wachsender Verunsicherung der Menschen und zur Erschütterung des gesamten politischen Systems führte. Zweimal, 1394 und 1402, wurde Wenzel IV. sogar von oppositionellen Adelsgruppen, deren massiver Widerstand gegen den König über Jahre hinweg bürgerkriegsähnliche Zustände heraufbeschwor, gefangen gehalten. Nach 1419, unter Sigismund, eskalierte der Konflikt unter neuen, vor allem religiösen Vorzeichen. Das Erlöschen der luxemburgischen Dynastie 1437 fiel so zeitlich mit dem reformatorischen und ständestaatlichen Aufbruch in Böhmen zusammen.

Sozialstruktur und Wirtschaft

Die Bedeutung des Hochadels, der die Entwicklung des Landes politisch und gesellschaftlich mitbestimmte, hatte seit der Zeit Přemysl Otakars II. nahezu kontinuierlich zugenommen. Der weltlichen Führungsschicht gehörten in der Zeit vor 1400 – einschließlich der Nebenlinien – in Böhmen etwa 90, in Mähren ungefähr 15 Familien an. Ihre Herrschaftsrechte übten sie vor allem im lokalen und regionalen Bereich aus. Kaum mehr als ein Dutzend der Magnaten, die aufgrund von Besitz und politischem Einfluss in der Öffentlichkeit das entscheidende Wort führten, nahm regelmäßig an ständischen Zusammenkünften und Sitzungen des Landgerichts teil. Der Umfang ihrer Besitzungen war beträchtlich, lässt sich in dieser Zeit aber noch nicht in präzisen Zahlen angeben. Bekannt ist, dass die Domäne der Herren von Rosenberg, die freilich eine absolute Ausnahmestellung unter dem Hochadel einnahmen, 26 Burgen, sechs Untertanenstädte, 22 Kleinstädte und rund 500 Dörfer und Höfe umfasste. Das südböhmische Adelsgeschlecht besaß Patronatsrechte über 60 Kirchen – und übertraf damit selbst den Prager Erzbischof. Ähnlich heterogen wie der Hochadel war der niedere Adel, dem in Böhmen und Mähren bis zu 3000 Familien zugerechnet werden. Er war aufgrund seiner begrenzten Ressourcen allerdings nicht in der Lage, in der Sphäre der hohen Politik zu agieren.

Nicht einmal einem mächtigen Herrscher wie Karl IV. war es gelungen, den Einfluss des Hochadels auf die Landespolitik zurückzudrängen. Besonders deutlich wurde dies 1355, als ein Generallandtag in Prag die königliche Vorlage für ein neues Gesetzeswerk rigoros ablehnte. Mit seiner Kodifikation, die später als *Maiestas Carolina* bezeichnet wurde, hatte der Luxemburger die Zentralgewalt in wichtigen Bereichen stärken und das Verhältnis zwischen König und adliger Landesgemeinde neu justieren wollen. Die führenden Adelsgeschlechter Böhmens aber setzten alles daran, die Rechtsprechung in den eigenen Händen zu belassen. In Mähren, Schlesien und den Lausitzen dagegen behielt der Herrscher stets eine stärkere Machtstellung. Diese Asymmetrie zwischen den einzelnen Ländern der Böhmischen Krone kam in späteren Krisensituationen noch des Öfteren zum Tragen.

Für die innenpolitische Situation im 14. Jahrhundert war der Adel nach wie vor wichtiger als das Bürgertum, das erst langsam zu einer politischen Kraft heranwuchs; nur vereinzelt und unregelmäßig waren die Städte vor der hussitischen Revolution auf den Landtagen zugegen. Um 1400 gab es in Böhmen und Mähren rund 50 königliche Städte, deren Bevölkerungszahl sich anhand von Steuerlisten und Rechnungsbüchern zumindest grob schätzen lässt: Sie dürfte in der Regel zwischen 1000 (Ungarisch Hradisch, Taus und Mies etwa) und 5000 (Königgrätz, Iglau, Eger) gelegen haben. Nur wenige Städte waren größer: Brünn, Kuttenberg und vor allem die dicht besiedelte Prager Agglomeration, die mehrere zehntausend Einwohner beherbergte. Daneben gab es in Böhmen und Mähren annähernd 500 weitere städtische Siedlungen weltlicher und geistlicher Obrigkeiten, die den königlichen Städten jedoch hinsichtlich Größe, Autonomie und wirtschaftlichem Potenzial nur sehr selten nahe kamen. Die größten Untertanenstädte mit jeweils rund 1500 Einwohnern, Krumau und Nikolsburg, gehörten den Herren von Rosenberg und den Herren von Liechtenstein. Die Bevölkerung in königlichen und Untertanenstädten dürfte zusammen genommen ungefähr 15–20 Prozent der Gesamtpopulation Böhmens und Mährens betragen haben.

Am schwierigsten sind die Lebensbedingungen der ländlichen, sozial uneinheitlichen Bevölkerung zu erfassen; auch zahlreiche Bewohner von Untertanenstädten waren beispielsweise als Bauern tätig. Die Zahl der von den Untertanen abzuführenden Gelder, Naturalabgaben, Frondienste und sonstigen Verpflichtungen variierte erheblich. Allgemein war die Dichte des Siedlungsnetzes in der zweiten Hälfte des 14. Jahrhunderts, als der Zuzug von Neusiedlern endgültig abebbte, recht hoch. Die Entfernung zwischen den einzelnen Dörfern betrug nur wenige Kilometer, und den Weg zu einem Marktzentrum konnte man in der Regel innerhalb eines Tages zurücklegen.

Die Landwirtschaft hatte im Zuge des hochmittelalterlichen Landesausbaus entscheidende Neuerungen in Methode und Technik der Produktion erfahren. Neben den herkömmlichen Getreideanbau traten allmählich neue Formen der Bodennutzung, durch Teichwirtschaft und Karpfenzucht oder durch Obst- und Weinbau. Als einziger auch auf dem Land ausgeübter Gewerbezweig gewann ab dem Spätmittelalter die Glasherstellung an Bedeutung. Für die königlichen Städte, die von den Privilegien der Landesherren profitierten, war das 14. Jahrhundert ökonomisch eine Periode wachsender Prosperität. Das unter den böhmisch-mährischen Bergstädten zur Hauptstätte von Silberbergbau und -münzprägung aufgestiegene Kuttenberg war das Zentrum des königlichen Silbermonopols. In dem rund dreißig Quadratkilometer großen Gebiet, in dem man eine Abbautiefe von bis zu 500 Metern erreichte, waren zeitweise 3000 Personen beschäftigt. Die hohe Silberproduktion, die mehr als ein Drittel des europäischen Aufkommens lieferte, garantierte nicht nur dem Herrscher bedeutende Einkünfte, sondern stellte auch den vergleichsweise großen Wohlstand der böhmischen Länder sicher.

Kirche, Kultur und Bildung

Die mittelalterliche Entwicklung der kirchlichen Institutionen erreichte während des 14. Jahrhunderts, als Prag zum Metropolitansitz aufstieg, ihren Höhepunkt. Die auf der Provinzialsynode von 1349 erlassenen Statuten, die nicht nur die kirchliche Disziplin erhöhen, sondern auch die Stellung des Erzbischofs gegenüber Adel und Klerus festigen sollten, wurden für die nächsten drei Jahrhunderte prägend. In der neuen Erzdiözese, deren Einteilung in Archidiakonate und Dekanate zum Abschluss gelangte, entstand eine funktionsfähige geistliche Verwaltung mit einem Konsistorium als oberster Gerichtsbehörde und einer wohlorganisierten Kanzlei an der Spitze. Von der Entschiedenheit der neuen Amtsführung zeugen Konsistorialakten, Verzeichnisse der Pfarrinvestituren und Visitationsberichte. Ein dichtes Netz von mehr als 2800 Pfarrkirchen in Böhmen und Mähren sicherte die seelsorgerische Betreuung der Gläubigen. Der Umfang des Kirchenbesitzes wird auf ungefähr ein Drittel des gesamten Grundbesitzes geschätzt, allein die Prager Erzbischöfe besaßen im letzten Viertel des 14. Jahrhunderts 18 in ganz Böhmen verstreute Güter sowie rund 400 Dörfer, Marktflecken und Städte.

Die Klöster und Stifte der älteren, schon länger im Land ansässigen Kolonisations- und Missionsorden, allen voran die Prämonstratenser und Zisterzienser, gingen in der Regel auf Gründungen der Landesherren zurück. Bei den Neugründungen von Ordenshäusern in der Zeit der Luxemburger, der Blütezeit der Klosterkultur in den böhmischen Ländern, überwog dagegen – mit Ausnahme von Prag – die Initiative des Episkopats und des Hochadels. Besonders die rund drei Dutzend im 14. Jahrhundert gegründeten Stifte und Konvente der Augustiner-Chorherren, Augustiner-Eremiten und Kartäuser, die reiche Bibliotheken besaßen und als Vermittler frühhumanistischen Denkens wirkten, entwickelten sich zu Zentren der Kultur und Bildung. Von ihnen gingen vielfältige Impulse einer religiösen Erneuerungsbewegung (*devotio moderna*) aus, die auf eine vertiefte individuelle Frömmigkeit abzielte und die persönliche Nachfolge Christi in Armut und Demut betonte. Auch bei der Entfaltung der tschechischen Literatur und Sprache fiel den Klöstern eine herausragende Rolle zu. Die Zahl der theologischen Werke, die nicht nur aus dem Lateinischen ins Tschechische übersetzt, sondern direkt in tschechischer Sprache verfasst wurden, nahm in dieser Zeit sprunghaft zu.

Die Pflege der slawischen Liturgie und die Bibelübersetzung ins Tschechische wurden vor allem in dem benediktinischen Slawenkloster (Emaus), einem der zahlreichen Kloster- und Kirchenbauten Karls IV. in Prag, vorangetrieben. In den neuen Sakralbauten, Stiftungen und Dedikationen manifestiert sich nicht nur die tiefe Religiosität, sondern auch die politisch ausgerichtete Frömmigkeit des bedeutenden Luxemburgers, der seine Staatskonzeption durch Reliquien- und Heiligenkulte und die Vielfalt der Liturgien zu untermauern wusste. Von den böhmischen Landespatronen förderte er besonders den Kult des heiligen Wenzel, seines ersten Namenspatrons, der zum Symbol des Staates schlechthin aufstieg. Die anlässlich seiner Krönung zum König von Böhmen 1347 gefertigte Wenzelskrone wurde nach seinem Willen auf dem Reliquienschädel des Heiligen aufbewahrt.

Herrschaftswille und Staatsfrömmigkeit Karls IV. werden auch im planmäßigen Ausbau von Prag deutlich. Die Grundsteinlegung für eine neue Kathedrale als Krönungskirche und Grabkirche des heiligen Wenzel, der prunkvolle Neubau des Königspalastes und eine Reihe glanzvoller Kirchenstiftungen erhöhten das Prestige des Hauses Luxemburg ebenso wie das Ansehen des Königreichs Böhmen. Mit der Anlage der Neustadt, deren Hauptplätze – der Viehmarkt und der Rossmarkt (heute Karlsplatz und Wenzelsplatz) – die Anlagen anderer europäischer Städte bei weitem übertrafen, wurde das städtische Areal nahezu verdreifacht. Sprachlich und sozial unterschied sich die Bevölkerung in den einzelnen Prager Städten, die in rechtlicher Hinsicht selbständige Gemeinwesen blieben, deutlich: In der Neustadt, deren Besiedlung vor allem aus den ländlichen Gebieten Innerböhmens erfolgte, war der Anteil der Tschechen von Beginn an deutlich höher als in der Altstadt. Die von Karl IV.

1348 gegründete Universität mit den vier Fakultäten Theologie, Jurisprudenz, Medizin und Philosophie (*artes liberales*) war die erste Hohe Schule nördlich der Alpen und östlich des Rheins. Sie zog schon bald Studenten aus ganz Mitteleuropa an. In ihrer Blütezeit in den 1380er Jahren dürften sich hier rund 1200–1500 Studenten aufgehalten haben, betreut von mehr als 50 Magistern im Professorenrang und 200 promovierten Dozenten.

Die allzu rasche Expansion hatte freilich ihre Schattenseiten. Soziale Gegensätze, religiöse Spannungen und frühnationale Konflikte wurden in Prag am frühesten offenkundig. Eine später in die hussitische Reformation mündende Reformbewegung nahm hier in der zweiten Hälfte des 14. Jahrhunderts ihren Anfang. Der seit 1358 an verschiedenen Pfarrkirchen, zuletzt von 1365 bis zu seinem Tod vier Jahre später an der Teynkirche predigende Konrad Waldhauser trat mit großem Eifer gegen innerkirchliche Missstände auf. Sein Schüler Johann Militsch von Kremsier legte seine Ämter am Hof nieder, widmete sich der Nächstenliebe und gründete in Prag eine Wohn- und Lebensgemeinschaft für die «Erweckten». Matthias von Janov geißelte in seinen Traktaten und Predigten die Auswüchse der Bilder-, Heiligen- und Reliquienverehrung und griff dabei selbst höchste kirchliche Würdenträger scharf an. Als er 1394 starb, hatte die Kritik an der institutionalisierten Kirche bereits über Prag hinaus Teile der Bevölkerung in den böhmischen Ländern erreicht.

Um 1400, während der bürgerkriegsähnlichen Zustände in Böhmen unter Wenzel IV. und der stürmischen Zeit des päpstlichen Schismas, wurde eines der Reformzentren – die Prager Universität – immer stärker in die politisch-religiösen Auseinandersetzungen hineingezogen. Unter den vier nach den Herkunftsregionen bestimmten Universitätsnationen erwies sich die böhmische, die intensiv die als ketzerisch verurteilte Lehre des Oxforder Theologen John Wyclif rezipierte, als besonders reformfreudig. Als 1409 der König im Kuttenberger Dekret die Stimmenverhältnisse an der Alma mater zu Gunsten dieser Gruppe radikal änderte, verließen die Studenten und Magister der drei fremden, größtenteils deutschen Universitätsnationen aus Protest die Stadt und zogen nach Leipzig. Einer der wortgewaltigsten Magister in der *natio Bohemica* war Jan Hus, der mit seinen Predigten an der Prager Bethlehemskapelle unter den Tschechen großen Anklang fand und in den kommenden Jahren an die Spitze der Kirchenreformbewegung trat. Seine Verurteilung wegen Häresie und seine Verbrennung auf dem Scheiterhaufen 1415 während des Konstanzer Konzils glichen einem Fanal und bildeten den Übergang zu einer umfassenden, in Teilen geradezu revolutionären Umgestaltung der böhmischen Kirche und Gesellschaft im 15. Jahrhundert.

IV. Böhmische Reformation und Ständestaat (1415–1620)

Hussitenkriege und nationales Königtum

Innerhalb von weniger als zwei Jahrzehnten zerbrach in Böhmen die Einheit der kirchlichen Lehre und des kanonischen Rechts. Die Erschütterung der alten Ordnung ging hier sehr viel weiter als bei vergleichbaren Bewegungen in der lateinischen Christenheit, die vor der Reformation allgemein als Häresie bezeichnet wurden. In der Folge entstand ein breites Spektrum neuer religiöser Strömungen – und damit die fortwährende Herausforderung zu einem Ausgleich zwischen den einzelnen Gruppen und zu öffentlicher Toleranz. Diese religiöse und zwangsläufig auch politisch-gesellschaftliche Auseinandersetzung, die bereits ein Jahrhundert vor dem Auftreten Luthers einsetzte, prägte die zweihundertjährige Epoche der sogenannten böhmischen Reformation.

Der Märtyrertod von Hus, der seine Lehrsätze und Überzeugungen auf dem Konstanzer Konzil nicht widerrufen hatte, löste in Böhmen schwere Unruhen aus. Hus selbst war allerdings weder Gründer einer nach ihm benannten Bewegung gewesen, noch gab es zu jener Zeit eine einheitliche hussitische Theologie. Erst allmählich fanden die verschiedenen Kreise, gemäßigte wie radikale, in ihren Kernanliegen zueinander. Die vom Konzil ausdrücklich verbotene Kelchkommunion der Laien breitete sich in Prag und anderen königlichen Städten, aber auch im ländlichen Raum rasch aus. Neben den altkirchlichen entstanden so zahlreiche neue Pfarrgemeinden, in denen das Abendmahl *sub utraque specie*, unter beiderlei Gestalt, gereicht wurde. Im Kelch fanden die einzelnen Parteiungen, die von ihren Gegnern bald als «Hussiten» bezeichnet wurden, denn auch ihr Identifikationssymbol und Kampfzeichen. Als mächtiger Förderer der Bewegung erwies sich der böhmisch-mährische Adel, der sich als Repräsentant des Landes empfand, bei seiner Unterstützung der vielerorts erhobenen Forderung nach einer Einziehung des Kirchenguts aber auch Eigeninteressen verfolgte. Größere Zurückhaltung lässt sich unter den Deutschen im Land beobachten, zumal diese bestimmten Anliegen – der tschechischen Messe etwa – reserviert gegenüberstanden.

So war es nicht zufällig die Prager Neustadt, wo sich 1419 der revolutionäre Funke entzündete. Eine Protestaktion von Kelchanhängern mündete dort in ein Handgemenge, den ersten «Prager Fenstersturz», bei dem 13 tschechische katholische Schöffen aus den Rathausfenstern geworfen wurden und zu Tode kamen. Nahezu gleichzeitig mit der Einsetzung eines hussitischen Stadtregiments in Prag kam es auf dem Land zu Massenwallfahrten auf biblisch benannte Berge (Tabor, Horeb). In den folgenden Wochen gelang es nicht, der zunehmenden Gewalt Einhalt zu gebieten, zumal König Wenzel IV. in der allgemeinen Erregung einen Schlaganfall erlitt und starb. Sein Halbbruder Sigismund jedoch, seit 1411 bereits römisch-deutscher König und als solcher in den Häresieprozess gegen Hus direkt involviert, lehnte die Kelchforderung strikt ab, so dass die Huldigungsverhandlungen ohne Ergebnis blieben. Während Sigismund nach Breslau auswich, um einen Militärschlag gegen die Aufständischen in Böhmen vorzubereiten, verständigten sich die untereinander zerstrittenen Fraktionen unter Führung der Utraquisten auf ein Grundsatzprogramm («Vier Artikel»), das Laienkelch, Predigtfreiheit, Armut des Klerus und Bestrafung der Todsünder vorsah. Einzelne Gruppen wie die Taboriten und

Orebiten verfolgten allerdings schon in dieser Phase radikal-militante Ziele.

Die Bulle, mit der Papst Martin V. 1420 die gesamte Christenheit zum Krieg gegen die «hussitischen Ketzer» aufforderte, besaß alle Merkmale eines klassischen Aufrufs zum Kreuzzug. Sie war der Auftakt zu langjährigen militärischen Auseinandersetzungen. Die Hussitenkriege umfassen einerseits die fünf in ihrer Gesamtheit gescheiterten Feldzüge der aus Deutschen, Ungarn, Italienern und Niederländern gebildeten Kreuzzugsheere sowie Einzelaktionen verschiedener Reichsfürsten, andererseits die weiträumigen Militäraktionen der böhmischen «Streiter Gottes» selbst, die zwischen 1426 und 1434 die Nachbarländer angriffen und dabei bis zur Ostsee vordrangen. Die hussitische Bewegung wurde offensiv, um ihre Anerkennung zu erzwingen und gleichzeitig innere Spannungen durch äußere Erfolge zu überwinden. Ihre Überlegenheit verdankte sich einer neuen Militärtaktik, talentierten Feldherren und nicht zuletzt dem religiös-revolutionären Kampfgeist der überwiegend aus ärmeren Unterschichten stammenden Krieger.

Die hussitische Koalition brach endgültig auseinander, als die mit dem Basler Konzil aufgenommenen Verhandlungen 1434 zur Anerkennung zentraler Forderungen führten. Die Übereinkunft («Kompaktaten») wurde zwei Jahre später in Iglau zwischen den Ständen und Sigismund bestätigt. Der Luxemburger, der sich 1420 auf der Prager Burg während seines Kampfes um die Hauptstadt hatte krönen lassen, ein Jahr später aber vom Landtag abgelehnt worden war, konnte faktisch erst jetzt seine Herrschaft in Böhmen antreten. Die Brüchigkeit des Vergleichs zwischen den Konfliktparteien zeigte sich jedoch schon 1437, als Sigismund ohne männlichen Erben starb. Zwei Jahrzehnte lang entbrannten die Konflikte stets von neuem, weder Sigismunds Schwiegersohn, Herzog Albrecht V. von Österreich, noch dessen Sohn und Nachfolger Ladislaus Postumus gelang es, die Lage zu stabilisieren. Eine Befriedung des Landes zeichnete sich erst unter Georg von Podiebrad, einem einheimischen utraquistischen Adligen, ab, der 1458 zum König gewählt wurde.

Die Ereignisse in der ersten Jahrhunderthälfte hatten in den böhmischen Ländern, wo die Entwicklung regional recht unterschiedlich verlaufen war, fundamentale Veränderungen zur Folge. Dies gilt in erster Linie für Böhmen und – mit gewissen Abstrichen – für Mähren. Religiös war vor allem das Hauptland der Krone seit 1419 gespalten: in Katholiken und in Utraquisten, die den Jurisdiktionsprimat des Papstes nicht anerkannten und in der Liturgie die Volkssprache verwendeten. Da Rom wiederum die Wahl eines gemeinsamen utraquistischen Erzbischofs für beide Kirchen nicht anerkannte, wurden diese jeweils von einem Konsistorium geführt; das seit 1421 vakante Prager Erzbistum blieb nahezu anderthalb Jahrhunderte unbesetzt. Institutionell hatte sich die katholische Kirche damit zwar behauptet, materiell aber war sie durch Zerstörungen, Besetzungen und Verpfändungen von rund vier Fünfteln der Kirchengüter in eine prekäre Situation geraten. Der im 13. Jahrhundert zu einem selbständigen Stand aufgestiegene Klerus war in Böhmen, anders als in Mähren, auf den Landtagen fortan nicht mehr vertreten. Schlesien und die Lausitzen waren katholisch geblieben.

Profitiert hatte von der Säkularisierung des Kirchenbesitzes vor allem der Hochadel, der utraquistische ebenso wie der katholische, der sich zudem zahlreiche königliche Burgen und Güter aneignen konnte. In den Jahrzehnten, in denen die bisherige Rechtsordnung völlig zusammengebrochen war und es faktisch keine monarchische Zentralmacht mehr gab, baute er seine Macht in Verfassung und Verwaltung deutlich aus. Politische Ansprüche machten nun aber auch die Bürger der königlichen Städte geltend, die als eigener Stand auf dem Landtag neben Herren und Rittern ebenfalls an der Gesetzgebung, Exekutive und am Finanzwesen beteiligt waren. Die Stände beharrten fortan auf der freien Königswahl. Neben einem breiten Instrumentarium ständischer Institutionen und Ämter war es die langjährige Erfahrung und Praxis im politischen Widerstand gegen die Königsmacht, die Adel und Städte eine aktive Rolle bei der Mitgestaltung des öffentlichen Lebens beanspruchen ließen.

Die Funktionsfähigkeit der neuen Ordnung zeigte sich beim Landtag von 1446, der erstmals in drei Kurien zusammentrat und angesichts der anhaltenden Gewalt im Land die Ernennung eines «Gubernators» beriet. Über dieses Amt als Landesverweser erfolgte der politische Aufstieg des aus einer ostböhmisch-mährischen Familie stammenden Adligen Georg von Podiebrad, der 1458 von den Ständen in Böhmen zum neuen König gewählt wurde. Die regionalen Widerstände in Mähren, Schlesien und den Lausitzen gegen die Wahl eines tschechischen Utraquisten, bei denen sich religiöse, soziale und nationale Motive überlagerten, belegen einmal mehr die in der ersten Hälfte des 15. Jahrhunderts erheblich gelockerten Bindungen der einzelnen Nebenländer an die Krone Böhmen. Der Protest ging so weit, dass die Stadt Breslau eine Gesandtschaft zur Kurie schickte, um die Rechtmäßigkeit von Georgs Königtum in Zweifel zu ziehen.

Die schwierige Aufgabe, den inneren Frieden in seinem Herrschaftsbereich zu bewahren und die innerböhmischen Streitigkeiten zwischen Utraquisten und Katholiken auf Grundlage der Kompaktaten beizulegen, erwies sich für Georg nicht zuletzt wegen der Haltung Roms als undurchführbar. Denn die Kurie erkannte den auf dem Konzil von Basel 1434 gefundenen Kompromiss nicht an und distanzierte sich 1462 sogar ausdrücklich von ihm. Trotz mehrerer diplomatischer Vorstöße blieb Georg für die Päpste Pius II. und Paul II., die ihn mit dem Kirchenbann belegten, sein Königtum für erloschen erklärten und ein militärisches Eingreifen der christlichen Staaten zum Schutz der «Rechtgläubigen» in Böhmen forderten, der Hussitenkönig. Mit dem Vorstoß der Kurie erhielt auch die katholische Ständeopposition im Land Aufwind. Die Folge war ein verheerender Bürgerkrieg. An die Spitze der Gegner Georgs setzte sich schließlich der ungarische König Matthias Corvinus, der die Nebenländer erobern konnte und 1469 im mährischen Olmütz von der katholischen Partei zum König von Böhmen gewählt wurde. Im gleichen Jahr hatte ein Landtag im böhmischen Kuttenberg mit Władysław Jagiellończyk, einem polnischen Prinzen, ebenfalls einen Katholiken zum Nachfolger gewählt. Nicht einmal das Königtum Georgs, der 1471 starb, hatte die tiefen Gräben zwischen den verfeindeten Gruppierungen überbrücken können.

Monarchie und Ständegesellschaft

Der Regierungszeit Georgs von Podiebrad folgten mit den Jagiellonen und ab 1526 mit den Habsburgern Könige, die den böhmischen Länderverband in Großreiche einbanden. Ein Verlust an Eigenständigkeit war damit zunächst nicht verbunden. Die Zeit der jagiellonischen Herrschaft unter Vladislav II. und dessen Sohn Ludwig II., die zugleich Könige von Ungarn waren und Böhmen von Ofen (Buda) aus regierten, war letztlich zu kurz, um bestehende Strukturen zu verändern. Unter den Habsburgern, die – von zwei kurzen Intermezzos 1619/20 und 1741–1745 abgesehen – bis zum Ende des Ersten Weltkrieges in Böhmen herrschten, entstand nicht gleichsam über Nacht ein einheitliches Staatsgefüge, wie es der erst seit dem 19. Jahrhundert geläufige, häufig schon für die Beschreibung der Anfänge dieser Staatenverbindung benutzte Begriff «Donaumonarchie» suggeriert. Gleichwohl ist nicht zu übersehen, dass sich die Raumbeziehungen vor allem Böhmens und Mährens, deren Bindungen zum römisch-deutschen Reich seit der Zeit der Hussitenkriege spürbar schwächer geworden waren, an der Wende vom 15. zum 16. Jahrhundert allmählich veränderten. Dass die neuen Oberherren aus dem Haus Habsburg zugleich die Kaiserkrone jenes Reiches trugen, hatte jedoch kaum Auswirkungen auf das auch weiterhin distanzierte Verhältnis Böhmens zum Reich.

Mit dem Tod von Matthias Corvinus 1490 hatte die Phase der Doppelherrschaft in den böhmischen Ländern zwar ein Ende gefunden, aber das politische Eigenleben der einzelnen Territorien mit ihren jeweils auf das Land orientierten Eliten blieb bestehen und wurde durch die Abwesenheit der jagiellonischen Herrscher noch verstärkt. Die Regierung übten bei Lichte besehen die obersten Landesbeamten aus. Es ist bezeichnend, dass es dem Adel in Böhmen in dieser Phase gelang, die eigene Stellung durch eine Kodifikation des Landrechts zu festigen. Mit der «Vladislavschen Landesordnung» (*Vladislavské zřízení zemské*) von 1500, die zwar den Namen des Königs trägt, jedoch zur Gänze die Interessen des Adels widerspiegelt, steigerten Herren und Ritter ihre Macht im Landtag, in der Landesverwaltung und im Gerichtswesen und sicherten sich die Mitsprache in Fragen der Ämterbesetzung, Außenpolitik und des Indigenats. In Mähren war es das zwei Jahrzehnte früher entstandene «Tobitschauer Rechtsbuch» (*Kniha Tovačovská*), das eine ähnliche Funktion erfüllte und bis in das 17. Jahrhundert hinein Symbol der Landesautonomie der Markgrafschaft war. Ein funktionierendes Königtum lag dennoch im Interesse der Stände. Als Ludwig II. 1526 im Kampf gegen die Türken in Ungarn gefallen war, wählten sie deshalb Erzherzog Ferdinand von Österreich, den jüngeren Bruder Kaiser Karls V., zu dessen Nachfolger.

Mit der Wahl des in Spanien erzogenen Habsburgers aber gerieten königlicher Machtanspruch und adliges Selbstbewusstsein mit besonderer Heftigkeit in Konflikt – der Wettbewerb zweier miteinander konkurrierender Verfassungsmodelle, des monarchischen und des ständischen, prägte das gesamte erste Jahrhundert der Habsburgerherrschaft in den böhmischen Ländern. Sein Ziel, die landesherrliche Gewalt im Innern zu festigen und Zug um Zug auszuweiten, verfolgte Ferdinand I. von Beginn an ebenso systematisch wie konsequent. Er reorganisierte die königliche Kammer zur Verwaltung der Staatsfinanzen, besetzte wichtige Ämter mit eigenen Vertrauensleuten und verbot die eigenmächtige Einberufung und Abhaltung ständischer Versammlungen auf Kreis- und Landesebene. Gegen die Praxis, Gewohnheitsrechte zu übergehen oder ganz abzuschaffen, vermochten sich die Stände kaum zur Wehr zu setzen, da ihre Freiheiten in aller Regel auf altem Herkommen, nicht aber auf schriftlich nachweisbaren Privilegien beruhten.

Sofern sich diese Politik gegen die Eliten anderer Landesteile richtete, konnte der König sogar mit einer Unterstützung des böhmischen Adels rechnen, der traditionell eine gewisse Führungsrolle innerhalb des Länderverbands für sich beanspruchte. So gelang es Ferdinand I. etwa in Schlesien, die Hoheitsrechte der Piastenherzöge, die innen- wie außenpolitisch vergleichsweise unabhängig agieren konnten und nicht nur ihm, sondern auch den böhmischen Magnaten ein Dorn im Auge waren, sukzessive einzuschränken. Umgekehrt verhinderte der König auf diese Weise, dass die einzelnen ständischen Gruppen trotz vergleichbarer Erfahrungen zu einer gemeinsamen politischen Linie fanden. Ein Beispiel dafür sind die Ereignisse der Jahre 1546/47, als es zu einem ersten gewaltsamen Zusammenstoß zwischen Land und Dynastie kam: Während in Böhmen die protestantischen Stände den Habsburgern den Gehorsam verweigerten, als diese daran gingen, den Schmalkaldischen Bund der Lutheraner im römisch-deutschen Reich zu bekämpfen, blieb ihr Aufstand in den Nebenländern (in Mähren, Schlesien und den Lausitzen) ohne die erhoffte Resonanz. Das Scheitern der Revolte hatte empfindliche Strafmaßnahmen für eine Reihe von Städten und Adligen zur Folge. Ferdinand I. konnte nicht nur die politische und ideelle Autorität des Königtums festigen, sondern auch das dynastische Erbrecht des Hauses Habsburg in Böhmen durchsetzen.

Der wichtigste Hebel der Stände, mit dem sie ihrerseits Druck auf den Landesfürsten ausüben und eigene Interessen behaupten konnten, blieben die Finanzen. Das gesamte Finanz- und Steuersystem war im 16. Jahrhundert zweigeteilt: Der königlichen Hofkammer stand ein ständisches Einnehmeramt gegenüber, der landesfürstlichen Kasse eine Landeskasse, der Buchhalterei der Kammerverwaltung eine Landtagskommission für die Steuerrechnungen. Noch deutlicher war die Abhängigkeit des Landesfürsten von den Ständen bei der Organisation des Verteidigungswesens, dem gerade während der Türken- und Ungarnkriege hohe Bedeutung zukam. Der König hatte zwar das Recht, im Kriegsfall das ständische Landesaufgebot anzufordern. Alle weiteren Entscheidungen aber fielen in die Hoheit des Landtags, des zentralen Forums der ständischen Macht. Dieser entschied über die Größe des Kontingents an bewaffneten Fußsoldaten und Reitern, das die einzelnen Grundherren und Stände zu stellen hatten, und die Zahl der Geschütze und Waffen, die aufgebracht werden mussten. Er konnte beschließen, dass bestimmte Geldsummen alternativ für die Erneuerung wichtiger Burgen oder Festungen verwendet wurden. Der Landtag setzte ferner die Frist fest, bis zu der das Aufgebot im Feld bleiben sollte. Strebte der König einen Einsatz außerhalb der Landesgrenzen an, hatte darüber ebenfalls die Ständeversammlung zu entscheiden. Durch die Ausübung solcher Mitsprache- und Kontrollrechte, aber auch durch ihre soziale und kulturelle Tätigkeit nahmen die Stände Verantwortung für Staat und Gesellschaft wahr.

Ein spürbarer Wandel kündigte sich in den Jahrzehnten nach dem Tod Ferdinands I. 1564 an, unter Maximilian II., vor allem aber unter Rudolf II. seit 1576. Durch die Sammlung der altkirchlichen Kräfte und die zunehmende Politisierung der Glaubensfrage entstand aus Sicht der protestantischen Ständemehrheit eine neue Bedrohungsqualität, zugleich allerdings auch eine bisher nicht gekannte Solidarität unter den einzelnen Ländern der Wenzelskrone. Als 1583 der Kaiserhof und die päpstliche Nuntiatur von Wien nach Prag verlegt wurden, liefen die Fäden noch stärker als bisher in der böhmischen Hauptstadt zusammen, die von Jahr zu Jahr mehr in das Blickfeld der europäischen Öffentlichkeit rückte. Durch die reformierte Kurpfalz, die unter den protestantischen Reichsterritorien am deutlichsten auf einen strikten Konfrontationskurs zum kaiserlich-katholischen Lager ging, wurde die konfessionspolitische Auseinandersetzung in Böhmen zusätzlich verschärft. Zwei ereignisreiche Jahrzehnte später sollte diese Verkettung inner- und außerböhmischer Entwicklungen, die um 1600 erstmals klare Konturen annahm, ihren Höhepunkt erreichen: mit der Absetzung der Habsburger durch die evangelischen Stände und der Wahl eines Calvinisten, des pfälzischen Kurfürsten Friedrichs V., auf den böhmischen Königsthron.

Religiöse Vielfalt und Kultur

Die schleppende Formierung einer einheitlichen Ständeopposition hing unmittelbar mit der religiösen Situation zusammen, die sich in allen Ländern der Wenzelskrone unterschiedlich darstellte. Besonders ausgeprägt war die Mehrkonfessionalität im Hauptland, in Böhmen. Neben dem Utraquismus und dem Katholizismus, den beiden stärksten, gesetzlich anerkannten Glaubensparteien im Land, hatte sich hier in der zweiten Hälfte des 15. Jahrhunderts mit der Unität der Böhmischen Brüder (*Unitas Fratrum*) noch eine dritte, im Landrecht allerdings nicht verankerte Konfession herausgebildet. Dieses Nebeneinander verschiedener Religionsgemeinschaften sollte sich um 1500 durch eine Aufspaltung innerhalb der utraquistischen Mehrheitskonfession, wenig später dann auch noch durch das Luthertum zu einem zunehmend konfliktreichen Pluralismus weiterentwickeln. Ähnlich vielgestaltig stellte sich die Lage in Mähren dar, wo sogar Täufer verschiedener Gruppierungen, die andernorts blutig verfolgt wurden, Aufnahme fanden; in der Markgrafschaft bestand praktisch eine unbegrenzte, sogar die Untertanen einschließende Religionsfreiheit, obwohl diese rechtlich kaum abgesichert war. Schlesien und die Lausitzen, die sich früh den Ideen der lutherischen Reformation geöffnet hatten, entwickelten sich dagegen bis Ende des 16. Jahrhunderts zu vergleichsweise übersichtlichen Konfessionslandschaften.

Die Lage der Juden, deren Lebensbedingungen in Böhmen und Mähren seit Mitte des 13. Jahrhunderts, als Přemysl Otakar II. sein Großes Judenprivileg erlassen hatte, starken Schwankungen unterworfen waren, war regional recht unterschiedlich. Während die seit den 1540er Jahren von Ferdinand I. mehrfach erlassenen Ausweisungsverfügungen in Böhmen Wirkung zeigten, blieben die Juden in Mähren weitgehend unbehelligt. Im letzten Drittel des 16. Jahrhunderts setzte dann auch für die Juden in Böhmen eine Zeit relativer Stabilität ein, die sich besonders am Aufschwung der Prager Gemeinde ablesen lässt. Die Prager Judenstadt, die um 1600 rund 8000 Personen – gut 10 Prozent der Gesamteinwohnerzahl Prags – beherbergte, war zu dieser Zeit eine der größten Judengemeinden Europas überhaupt.

Im Alltagsleben förderte die Vielzahl an christlichen Glaubensgemeinschaften Vorstellungen von religiöser Toleranz, im politischen Leben aber begünstigte sie ein ausgeprägtes Gruppendenken. Namentlich in Böhmen war die Ausbildung einer gemeinsam agierenden, evangelischen Religionspartei daher das bestimmende Element der zweiten Hälfte des 16. Jahrhunderts.

Die Berufung der Jesuiten, die Wiederbesetzung des Prager Erzbistums 1561 und andere Maßnahmen, die in ihrer Gesamtheit auf eine Erneuerung der alten Kirche abzielten, verstärkten den Druck zu einem gemeinsamen Vorgehen noch zusätzlich. Ein erster wichtiger Schritt in diese Richtung war 1567 der offizielle Verzicht auf die Basler Kompaktaten und ihre Streichung aus den Landtafeln – eine Abkehr also von jener Iglauer Vereinbarung aus dem Jahr 1436, die mehr als ein Jahrhundert lang das hussitische Bekenntnis gesichert und die Koexistenz der beiden Hauptkonfessionen sichergestellt hatte, die aber unterdessen vom König und dem nach Rom orientierten Flügel der (Alt-) Utraquisten nur noch als Instrument zur Abwehr religiöser Neuerungen und zur Rückkehr der Kelchner in die allgemeine Kirche genutzt wurde.

Auf einem Landtag in Prag 1575 wurde mit einer eigenständigen Bekenntnisschrift zumindest eine grundsätzliche inhaltliche Übereinstimmung der einzelnen reformatorischen Gruppen erzielt. Mit der *Confessio Bohemica* gelang den böhmischen Ständen «unter beiderlei Gestalt», die sich fortan evangelisch nannten, kirchenorganisatorisch wie politisch ein wichtiger Durchbruch. Eine wirkliche konfessionelle Einheit konnte zwar nicht erreicht werden, zumal die theologischen und kirchenrechtlichen Meinungsverschiedenheiten mit der Brüder-Unität, die strikt an einer selbständigen Kirchenorganisation festhielt, auch weiterhin ungelöst blieben. Aber faktisch entstand eine von Rom nahezu unabhängige Kirche, deren Anhängern der König eine freie Ausübung ihres Bekenntnisses zusicherte. Für die evangelischen Utraquisten, zu denen sich im letzten Drittel des 16. Jahrhunderts die überwiegende Mehrheit der Einwohner Böhmens bekannte, bedeutete dies vor allem eine größere Rechtssicherheit. Politisch wurden 1575 die Weichen für die Ausbildung einer evangelischen Ständepartei gestellt, deren organisatorische Basis – das Niedere Konsistorium in Prag, Administratoren, utraquistische Ständeversammlungen und von diesen gewählte Defensoren – in den folgenden Jahrzehnten in der gesamten Innenpolitik große Bedeutung erlangen sollte.

Die Hoffnung auf eine friedliche Koexistenz der Religionsparteien währte allerdings nicht lang. Überlegungen des Hofes, des Prager Erzbischofs und der apostolischen Nuntien, wichtige Hofämter nur noch an Katholiken zu vergeben, waren Teil eines strategischen Konzeptes, das auf eine planmäßige Rückgewinnung verlorenen Terrains abzielte. Durch Unterstützung mächtiger katholischer Adelsfamilien gelang es den Jesuiten, zahlreiche neue Kollegien zu gründen. Das Schulwesen wiederum spielte bei den Konversionen zum Katholizismus, die an der Wende vom 16. zum 17. Jahrhundert deutlich zunahmen, eine gewichtige Rolle. Eine Konfrontation zwischen der kämpferischen katholischen Hofpartei und dem evangelischen Lager, in dem sich radikale Tendenzen gleichfalls mehrten, rückte in den böhmischen Ländern um 1600 in greifbare Nähe.

In kultureller Hinsicht erwies sich die religiöse Vielfalt in den böhmischen Ländern als ungemein fruchtbar. Die fortwährende Auseinandersetzung um das wahre Christentum schuf eine produktive Konkurrenzsituation, die sich etwa an den Schulgründungen der einzelnen Konfessionen und den je eigenen Formen von Bildungsmäzenatentum ablesen lässt. Im mährischen Großmeseritsch zum Beispiel hatte der Katholik Sigmund Helt von Kement 1557 eine Lateinschule gegründet und finanziell abgesichert; seine Witwe erweiterte sie zwei Jahrzehnte später zu einem *Gymnasium illustre*, bestimmte aber zugleich, dass dieses künftig im Geist der Augsburger Konfession zu führen sei. Große Anerkennung – auch außerhalb der *Unitas Fratrum* – genoss das Schulwesen der Böhmischen Brüder, das eine fundierte humanistische Bildung vermittelte. Oft fanden sich mehrere Schulen verschiedener konfessioneller Ausrichtung an einem Ort. In den Prager Städten gab es Ende des 16. Jahrhunderts 17 Lateinschulen, daneben für die höhere Bildung die utraquistische Universität (Collegium Carolinum) und eine jesuitische Hochschule, das 1556 im Zuge der katholischen Erneuerung gegründete Collegium Clementinum.

Eine verbesserte Schulbildung und die Verbreitung des Buchdrucks wirkten sich unmittelbar auf die literarische Produktion aus, die von der konfessionellen Vielfalt ebenfalls profitierte. Unter den böhmischen Humanisten des 16. Jahrhunderts finden sich Katholiken ebenso wie Utraquisten, Böhmische Brüder und Lutheraner, die sich ganz unterschiedlichen Themen und Motiven zuwandten und Anregungen aus vielen Regionen aufnahmen. Während sich die Vertreter des katholischen Humanismus allerdings weiterhin der lateinischen Sprache bedienten, schrieben die evangelischen Autoren mehrheitlich auf Tschechisch. Vor allem das Schrifttum der Böhmischen Brüder, das sich nicht auf theologische Abhandlungen, religiöse Traktate und Gesangbücher beschränkte, sondern auch belehrende und theoretische Texte umfasste, erreichte in der Volkssprache auch Bürger und Bauern. Hervorzuheben ist vor allem das Werk des Brüderbischofs Jan Blahoslav, der zahlreiche Schriften zur Literatur-, Kunst- und Musiktheorie und -praxis verfasste und mit seiner 1571 nach zwanzigjähriger Arbeit abgeschlossenen *Gramatika česká* (Tschechische Grammatik) den Grundstein der tschechischen Sprachwissenschaft legte. Größten Ruhm erwarb er als Bibelübersetzer: Die unter Leitung Blahoslavs erarbeitete, mit einem Kommentar versehene Übersetzung der Heiligen Schrift, die zwischen 1579 und 1593 in sechs Bänden in dem Dorf Kralitz bei Brünn gedruckt wurde, erfuhr sogleich große Verbreitung. Die Sprache der Kralitzer Bibel blieb bis zum frühen 19. Jahrhundert die Richtschnur der tschechischen Literatursprache.

Konföderation und Konfrontation

Ein 1604 in Ungarn ausgebrochener Adelsaufstand, der den habsburgischen Landesherrn zwei Jahre später zu empfindlichen Zugeständnissen nötigte, brachte auch in den böhmischen Ländern Bewegung in die Auseinandersetzungen zwischen König und Ständen. Dabei trug eine Dynastiekrise im Haus Habsburg, die sich binnen kurzer Zeit zu einer tiefen Staatskrise entwickelte, ganz entscheidend zur Radikalisierung der Ständepolitik bei. Bereits bei den Friedensverhandlungen mit Ungarn und dem Osmanischen Reich 1606 hatte nicht Kaiser Rudolf II. – der unverheiratet und damit ohne rechtmäßigen Erben war – die Befriedung der Monarchie durchgesetzt, sondern sein ambitionierter, auf die Nachfolge spekulierender Bruder Erzherzog

Matthias. Eine Hausmacht aber brauchte dieser Verbündete – und er fand sie in den Ständen, die seit längerem an der Politik Rudolfs Anstoß nahmen. Die Stände in den einzelnen Ländern wiederum reagierten sehr unterschiedlich auf diese Situation: Während sich Mähren im Alleingang einer ungarisch-österreichischen Konföderation unter Führung von Matthias anschloss, gingen Böhmen und Schlesien, die sich nicht von Rudolf lossagten, ein separates Bündnis ein. Wie schon einmal im späten 15. Jahrhundert unterstanden damit die Länder der Wenzelskrone seit 1608 erneut zwei Herrschern.

Dass Allianzen dieser Art nicht nur ein probates Mittel zum Schutz von evangelischer Religion und ständischer Libertät, sondern auch ein Akt politischer Opposition waren, nahmen alle Beteiligten in Kauf. Hatte man in Mähren die bestehende Landesregierung gestürzt und durch eine neue ersetzt, so errichtete man in Böhmen eine Art ständische, vom König unabhängige Nebenregierung. Dieses dreißigköpfige, aus Herren, Rittern und Städtevertretern paritätisch zusammengesetzte Direktorium, das für kurze Zeit die politischen Geschicke des Landes bestimmte, brauchte nach dem Prager Fenstersturz von 1618 nur reaktiviert zu werden. Einzig regionale Empfindlichkeiten zwischen dem Hauptland Böhmen und dessen Nebenländern verhinderten in den Jahren 1608 bis 1611, dass sich die bi- und trilateralen Bündnisse zusammenschlossen, ohne dabei einen riskanten Dynastiewechsel – wie später im Jahr 1619 – wagen zu müssen. Letztlich konnten nur punktuelle Zugeständnisse durchgesetzt werden. So erlangten die böhmischen Stände beispielsweise von Rudolf II. eine schriftliche Zusage («Majestätsbrief»), die allen Untertanen – auch auf den königlichen Gütern und damit zugleich in den freien Städten – Gewissensfreiheit zugestand.

Die dramatische Zuspitzung der innenpolitischen Situation in den böhmischen Ländern lässt sich allerdings nicht allein durch die Binnenentwicklung erklären. Da der böhmische König aus dem Haus Habsburg zugleich Kaiser des Heiligen Römischen Reiches deutscher Nation war, richtete sich die Aufmerksamkeit der Reichsstände immer stärker auf Prag. Während des Machtkampfes zwischen Rudolf II. und Matthias erwog vor allem die reformierte Kurpfalz, die innerhabsburgischen Gegensätze zu nutzen und mit Truppen des 1608 im Reich gegründeten Militärbündnisses («Protestantische Union») in Böhmen zu intervenieren. Eine gewisse Überschätzung der eigenen Kräfte, die den politischen Debatten der böhmischen Stände zu Eigen war, ist auch auf die Erfahrungen in diesen Jahren zurückzuführen, in denen man eine breite Welle der Verbundenheit und der Solidarität an den evangelischen Höfen verspüren konnte. Warnungen vor einer zu engen Anlehnung an den Konfrontationskurs der Union im Reich und vor einer weiteren Internationalisierung der eigenen Belange konnten in dieser Situation nur schwer Gehör finden.

Nach einem vergeblichen Versuch, seine Souveränität militärisch zurückzugewinnen, sah sich Rudolf II. 1611 in Böhmen ebenfalls gezwungen, zugunsten seines Bruders abzudanken; als er ein Jahr später starb, folgte ihm Matthias auch in der Kaiserwürde. Die erneute Vereinigung der böhmischen Länder unter einem Herrscher konnte die Lage im Innern jedoch nur kurzzeitig beruhigen. Vor allem im Hauptland der Krone nahmen die Spannungen wieder zu und förderten dort eine Konfliktbereitschaft, die 1618 schließlich in Gewalt eskalierte. Wenige Tage nach dem Prager Fenstersturz, bei dem am 23. Mai zwei Statthalter des Kaisers zusammen mit einem Sekretär aus einem Fenster des Hradschin geworfen worden waren, beurteilten Beobachter das Geschehen bereits als Revolution, als einen Akt, der unausweichlich in eine Konfrontation mit der regierenden Dynastie führen müsse.

Über das weitere Vorgehen bestand allerdings keine Einigkeit. Während die einen nur eine Wiederherstellung der ständischen Freiheiten anstrebten, fassten andere bereits offen eine Entthronung der Habsburger ins Auge. Die in Prag von den Ständen erneut eingesetzte Direktorialregierung stellte zwar Truppen auf, konzentrierte sich aber zunächst darauf, die Nebenländer auf ihre Seite zu ziehen. Gegenüber dem Ausland rechtfertigte man die eigenen Aktionen in umfangreichen Verteidigungsschriften («Apologien»), die zugleich der Werbung von Verbündeten dienten. Am 31. Juli 1619 wurde eine von Vertretern aller böhmischen Kronländer erarbeitete neue Verfassung in tschechischer und deutscher Sprache verlesen. Die *Confoederatio Bohemica*, mit der die Stände eigene Vorstellungen von föderativer Staatlichkeit erstaunlich präzise formulierten, gehört ohne Frage in die Reihe der großen europäischen Verfassungsentwürfe.

Nur wenig später erklärte man König Ferdinand II., Vetter und Nachfolger des im März 1619 gestorbenen Matthias, aufgrund fortgesetzter Rechtsbrüche des böhmischen Throns enthoben und wählte einen neuen Monarchen. Dass die Wahl auf einen Calvinisten, Kurfürst Friedrich V. von der Pfalz, fiel, hatte gewiss viele Gründe – machtpolitische und diplomatische, religiöse und militärische ebenso wie persönliche –, lag aber in gewisser Weise in der Konsequenz der langjährigen Kontakte vor 1618. Friedrich V. brach von Heidelberg mit einem Hofstaat von 568 Personen nach Prag auf. Nach dem Rücktritt der Direktorialregierung bestand die erste Regierungsmaßnahme des neuen Königs in der Neubesetzung der obersten Landesämter. Über interne Machtkämpfe des böhmischen Adels, finanzielle Engpässe sowie die unerwartet ausbleibende auswärtige Unterstützung hinaus wurde rasch klar, dass die pfälzische Seite in der ihr fremden Umgebung überfordert war. Spätestens im Dezember 1619, als Altäre, Reliquien und Gemälde des Prager Veitsdoms einem mehrtägigen reformierten Bildersturm zum Opfer fielen, erhielt auch das Vertrauen der propfälzischen Parteigänger in die neuen Machthaber einen herben Rückschlag. In Wien, wo nicht minder hektisch nach Verbündeten gesucht wurde, gewann die «Ausrottung der Ketzerei» unterdessen höchste Priorität.

Am 8. November 1620 kam es im hügeligen Vorgelände im Westen von Prag zu einer folgenschweren Schlacht zwischen dem böhmischen Bundesheer und den Truppen des Kaisers sowie der Katholischen Liga, die für die Stände in einer verheerenden Niederlage endete und binnen weniger Tage zum vollständigen Zusammenbruch des pfälzischen Königtums in Böhmen führte. Der Adel blieb passiv, die Städte – sogar die gut befestigten Prager Städte – kapitulierten und öffneten den Feinden die Tore. Für Friedrich V., der von seinen Gegnern nur noch spöttisch als «Winterkönig» tituliert wurde, begann unmittelbar nach der Schlacht am Weißen Berg (*Bílá hora*) ein lebenslanges Exil. Schon am 13. November nahm der bayerische Herzog – stellvertretend für Kaiser Ferdinand II. – die Huldigung des böhmischen Adels entgegen. Überraschend schnell war damit die habsburgische Thronfolge in den Ländern der Wenzelskrone wiederhergestellt worden.

V. Barock und Aufklärung (1620–1790)

Verfassungsänderung, Elitenwandel und Bevölkerungsentwicklung

Dem völligen Zusammenbruch der politischen Ordnung Ende 1620 folgten Hinrichtungen, Zwangsbekehrungen und Vertreibungsaktionen, einschneidende Eingriffe in die bisherige Besitzstruktur und die rechtliche Verankerung eines absolutistischen Herrschaftssystems. Die Schlacht am Weißen Berg gilt daher als Symbol für einen Epochenwechsel in der böhmischen Geschichte, als Wendepunkt vom altständischen Staats- und Gesellschaftsmodell, in dem die Macht und Entscheidungsbefugnisse des Landesherrn vielfältig begrenzt waren, hin zum absolutistischen Monarchismus der Habsburger. Sie steht ferner für den Übergang von religiöser Pluralität und Glaubensfreiheit hin zum geschlossenen Konfessionsstaat, in dem das katholische Bekenntnis zum Staatsgrundsatz erhoben wurde. Und sie wird als bedeutende Wegmarke bei der Umwandlung des 1526 entstandenen, zunächst vor allem durch die regierende Dynastie zusammengehaltenen Länderkonglomerats in einen frühmodernen Fürstenstaat gesehen, der nicht zuletzt wegen der nach 1620 erfolgten Integrationsschübe ein Jahrhundert später zur führenden Ordnungsmacht im Südosten Europas aufsteigen konnte.

Die Schlacht vom 8. November 1620 schuf zwar in Böhmen klare politische Verhältnisse, bedeutete aber nicht das Ende der Konflikte in Mitteleuropa. Sie beendete noch nicht einmal den böhmisch-pfälzischen Krieg, den ersten Abschnitt des Dreißigjährigen Krieges in den Jahren 1618 bis 1623. Aus einer reichsgeschichtlichen Perspektive, die vor allem den in Prag gescheiterten pfälzischen Kurfürsten in den Blick nimmt, war die Schlacht am Weißen Berg insofern nur eine Episode in einer längeren kriegerischen Auseinandersetzung, die erst 1648 im Westfälischen Frieden ein Ende fand.

Gleichwohl vollzog sich in keinem der vom Dreißigjährigen Krieg betroffenen Territorien in jenen Jahren ein derart tiefgreifender Wandel in Verfassung, Politik und Gesellschaft wie in Böhmen und Mähren. Um dem als illoyal eingestuften Adel die ökonomische Grundlage zu entziehen, belegte in den Jahren 1623 bis 1626 eine vom Kaiser eingesetzte Kommission allein in Böhmen 680 Personen sowie 50 Städte mit Vermögensverlust; in der Markgrafschaft Mähren kamen nochmals rund 300 Adlige hinzu. Nutznießer war nicht nur der heimische katholische Adel, sondern auch und vor allem eine Gruppe auswärtiger Familien aus Österreich, Italien, Spanien und den Niederlanden, die nun im Land dauerhaft Fuß fassten: die Auersperg, Beaufort-Spontin, Clary, Collalto, Fürstenberg, Herberstein, Rohan, Serenyi, Trauttmansdorff und viele andere mehr. Am Ende des Krieges kamen allein im Herrenstand Böhmens, dessen Mitgliederzahl gegenüber 1615 um mehr als die Hälfte zugenommen hatte, auf 169 alteingesessene 128 neu aufgenommene Geschlechter; in Mähren betrug das Verhältnis 39 zu 27.

Die verfassungsrechtliche Systemveränderung wurde 1627 für Böhmen und ein Jahr später für Mähren in neuen Landesordnungen festgeschrieben, die zwar in einzelnen Bestimmungen eine Revision erfuhren, im Kern aber bis zum 19. Jahrhundert gültig blieben. Mit dem Verfassungsoktroi wurden die böhmischen Länder zum Erbkönigreich des Hauses Habsburg erklärt. Dem König waren Gesetzgebung, oberste Rechtsprechung, Beamtenernennung und -absetzung sowie das Recht der Adelserhebung und Inkolatserteilung vorbehalten, wobei die

Inhaber der nach deutsch-österreichischem Vorbild nun auch in Böhmen eingeführten Adelsgrade (Herzog, Fürst, Graf) ihren Platz im politischen System künftig vor den Herren einnahmen. Die Kompetenzen des Landtags, in dem der Klerus fortan wieder vertreten war und den ersten Rang einnahm, wurden erheblich beschnitten. Die Gleichberechtigung des Deutschen neben dem Tschechischen als Amtssprache begünstigte in der Folgezeit das Vordringen der deutschen Sprache in der inneren Verwaltung sowie im kulturellen und öffentlichen Leben. Der katholische Glaube war seither die einzige im Land anerkannte Konfession. Der Kirchenbesitz wurde durch eine Rückübertragung vieler der seit der Hussitenzeit entfremdeten Güter vergrößert; unter den Orden profitierten vor allem die Jesuiten von der Besitzumschichtung.

Bestrebungen auf Seiten des Hofes, die böhmischen Länder konfessionell zu vereinheitlichen, setzten bereits 1621/22 ein, als sämtliche nichtkatholische Geistliche zum Verlassen des Landes gedrängt wurden. Im Lauf der kommenden Jahre wurden auch alle Adligen und Bürger königlicher Städte, die sich zu einer der reformatorischen Kirchen bekannten, vor die Wahl gestellt, entweder zum katholischen Glauben zu konvertieren oder auszuwandern. Einzig die Untertanen in Stadt und Land besaßen generell kein solches *ius emigrandi*, ihr Abzug war in jedem Fall rechtswidrig. Die Fülle einschlägiger Gesetze und Verordnungen, die zum Teil mit militärischer Gewalt durchgesetzt wurden, hatte zahlreiche Emigrations- und Fluchtwellen zur Folge. Die noch Jahrzehnte anhaltende Abwanderung betraf Angehörige aller Schichten, Utraquisten, Lutheraner, Calvinisten und Angehörige der Brüder-Unität, tschechische wie deutsche Landeseinwohner. Durch diesen Abzug, der mehr als 100 000 Menschen vor allem der Oberschicht erfasste, sowie durch Kampfhandlungen, Hungersnöte und Seuchen dürfte sich die Bevölkerung Böhmens und Mährens in der ersten Hälfte des 17. Jahrhunderts um etwa ein Drittel verringert haben.

Einer der berühmtesten Exulanten war der Brüdertheologe Johann Amos Comenius (Komenský), der sich wie viele andere Glaubensflüchtlinge der Hoffnung auf die Restitution eines religiös toleranten Ständestaates hingab. Daneben wirkten zahlreiche Adlige, die vor 1620 eine führende Rolle in der böhmischen Ständepolitik gespielt hatten, vom Exil aus auf einen politischen Umsturz in ihrer Heimat hin. So erwog beispielsweise Heinrich Matthias von Thurn, einer der umtriebigsten, am besten vernetzten Emigranten jener Jahre, dem aus einem tschechischen Adelsgeschlecht stammenden Heerführer Albrecht von Waldstein – der in Deutschland unter dem Namen Wallenstein bekannt ist – die böhmische Königskrone zu verschaffen und auf diese Weise die frühere Unabhängigkeit wiederzuerlangen. Viele Intellektuelle waren bemüht, auswärtigen Bildungskreisen eine Vorstellung von den alten Landestraditionen und -freiheiten Böhmens zu vermitteln. Der ehemalige Leitmeritzer Stadtrat Pavel Stránský, als Utraquist und Anhänger Friedrichs V. ebenfalls Leidtragender des Zusammenbruchs von 1620, hatte bereits als Autor einer programmatischen Kampfschrift Aufmerksamkeit erlangt. Seine Abhandlung *Proti hostinským, v Čechách se do kostelův tlačícím jazykům na nedbalého Čecha učiněný okřik* (Mahnruf an den unachtsamen Tschechen wider die fremden, in Böhmen sich in die Kirchen drängenden Sprachen) von 1618 hatte sich an seine tschechischen Landsleute gerichtet, denen er darlegte, dass eine fremde Sprache fremdes Joch nach sich ziehe, fremdes Joch aber Sklaverei, die unvermeidlich zum Verderb eines Volkes führe. An die europäische Öffentlichkeit – und entsprechend auf Lateinisch – wandte er sich mit seinem Geschichtswerk *Respublica Bohemiae*, das 1634 im niederländischen Leiden erschien und zweimal, 1643 und 1648, neu aufgelegt wurde.

Während des Krieges und sogar noch im Verlauf der Friedensverhandlungen schien ein Umbruch, wie ihn das böhmische Exil erhoffte, keineswegs unrealistisch. So enthielt noch ein von der schwedischen Delegation in Osnabrück am 11. Juni 1645 vorgebrachtes Friedensangebot die Forderung, dass man das «Königreich Böhmen, mit dessen incorporirten Landen [...] sowohl an Landschaft und Güther, als Würden, Freyheit, Herrlich- und Gerechtigkeiten wieder einsetze, und völlig in Geist- und Weltlichkeit in den Stand stelle, worinnen sie vor der Anno 1618 eingebrochenen Unruhe glücklich gegrünet». Drei Jahre später aber hatten sich die Machtverhältnisse klar zum Nachteil Schwedens gewandelt. Im Westfälischen Frieden von 1648 konnte Kaiser Ferdinand III., der seit dem Tod seines Vaters 1637 auch in Böhmen regierte, den Rechtsstand der Jahre 1620/21 endgültig sichern. Einzig die im Frieden von Prag 1635 an Sachsen abgetretenen Lausitzen gingen den Habsburgern verloren.

Der Umbau des Staatsgefüges: Land, Krone und österreichischer Gesamtstaat

Von den politischen und verfassungsrechtlichen Veränderungen nach 1620 wurden die einzelnen Länder der böhmischen Krone, die ihren Zusammenhalt erst ein Jahr zuvor in der *Confoederatio Bohemica* gestärkt hatten, sehr ungleich getroffen. Dies hatte zwangsläufig Auswirkungen auf den Länderverband als Ganzen, der seine innere Integrationskraft in der Folgezeit in weiten Teilen einbüßte. Der Generallandtag, eine der ältesten länderübergreifenden Institutionen der Stände, verlor seine frühere Bedeutung und wurde nicht einmal mehr zur Genehmigung der wichtigsten Erbfolgeregelung des Hauses Österreich («Pragmatische Sanktion») einberufen. Die Metropole Prag, Hauptstadt nicht nur Böhmens im engeren Sinn, sondern auch Zentrum der Länder der Wenzelskrone, verlor nach der Verlegung des Herrschersitzes und dem Umzug des Hofes nach Wien wichtige überregionale Funktionen. Gefördert durch zentralisierende Verwaltungsreformen, die politische Allianz von katholischem Adel und Dynastie, Heiratsverbindungen zwischen Angehörigen der böhmischen und der österreichischen Aristokratie und wechselseitige Gütererwerbungen entstand bis Ende des 18. Jahrhunderts ein habsburgischer Territorialstaat mit einheitlicher Rechtsordnung und einheitlichem Verwaltungsapparat.

Anders als in Böhmen und Mähren kam es in Schlesien während des Dreißigjährigen Krieges zu keiner Totalrevision der alten Ständeverfassung. Das Herzogtum wahrte nicht nur seine territoriale Parzellierung mit ihren kleinräumigen Loyalitätsstrukturen, sondern auch seinen bikonfessionellen Charakter.

Dank langjähriger Kontakte zu den protestantischen Reichsständen, an denen sich Fürsten und Stände immer stärker orientierten, konnte das Oderland sogar im Westfälischen Frieden als einziges der habsburgischen Erbländer eine religiöse Sonderregelung durchsetzen. Den evangelischen Herzögen in den schlesischen Mediatfürstentümern Liegnitz, Wohlau, Brieg und Oels sowie der Stadt Breslau wurde das *ius reformandi* zugestanden, den Protestanten in den anderen schlesischen Territorien, die nicht zur Auswanderung gezwungen werden durften, der Besuch ihres Gottesdienstes im Nachbarland gestattet. Mit der Altranstädter Konvention von 1707, die auf Druck Schwedens zustande kam, wurde dieser Status nochmals bekräftigt. Als Schutzherr des schlesischen Protestantismus präsentierte sich wenige Jahrzehnte später der preußische König Friedrich II., der das vier Jahrhunderte zu Böhmen gehörende Oderland 1740, im Zuge der europäischen Krise nach dem Tod Kaiser Karls VI., eroberte und der Hohenzollernmonarchie einverleibte. Nur ein schmaler Gebietsstreifen im Südosten um Troppau und Teschen («Österreichisch-Schlesien») verblieb unter habsburgischer Oberherrschaft.

Kontinuierlicher und nachhaltiger vollzog sich seit 1620 die Integration Böhmens und Mährens in den österreichischen Gesamtstaat. Bereits 1624 wurde die Böhmische Hofkanzlei, die höchste Verwaltungs- und Gerichtsbehörde, nach Wien verlegt und zu einem rein königlichen Hofamt umgestaltet. Einer leistungsfähigen und funktional differenzierten Landesverwaltung, die vor allem die Geldbeschaffung effizient und kontrollierbar machen sollte, genügten die älteren Einrichtungen schon bald nicht mehr. Mit Blick auf die Türken- und Ungarnkriege sowie andere militärische Konflikte in den Jahrzehnten nach 1650 wird auch in der Habsburgermonarchie deutlich, dass sich militärische Machtstellung, staatliche Finanzkraft und institutionelle Verdichtung wechselseitig bedingten. Mit dem Anwachsen der Aufgaben im Gesamtstaat nahm die Abhängigkeit der einzelnen Länderbehörden in Böhmen und Mähren von den zentralen Einrichtungen in Wien (Geheimer Rat beziehungsweise Geheime Konferenz, Hofkammer, Hofkriegsrat) beständig zu.

Auf lokaler Ebene dagegen wurden keine neuen landesfürstlichen Organe geschaffen; die Herrschaft von Adligen und Prälaten über die grundherrlichen Städte und Dörfer blieb unangetastet.

Die Auseinandersetzung Österreichs mit Preußen, die zum Verlust Schlesiens führte, aber auch andere außen- und innenpolitische Herausforderungen zwangen die seit 1740 regierende Tochter Kaiser Karls VI., Maria Theresia, zu einer tiefgreifenden Umgestaltung von Verfassung und Verwaltung ihres Staates. Erste Maßnahmen betrafen die Reorganisation des gesamten Finanzwesens, die sich nicht zuletzt aus der Notwendigkeit ergab, trotz gewaltiger Staatsverschuldung ein Stehendes Heer aufzustellen und zu unterhalten, sowie die Errichtung einer zentralen Staatskanzlei für auswärtige Angelegenheiten. Im Rahmen der großen Staatsreform von 1748/49 wurden schließlich die bis dahin getrennten Österreichischen und Böhmischen Hofkanzleien aufgelöst, an deren Stelle mit dem *Directorium in publicis et cameralibus* eine neue Zentralbehörde trat. Die böhmischen Länder büßten damit die letzten Reste ihrer administrativen Eigenständigkeit ein. Die Modernisierung des Herrschaftsapparates wirkte sich auch auf die mittlere und untere Verwaltungsebene aus. So entwickelten sich die Kreisämter in den jetzt 16 böhmischen und sechs mährischen Kreisen, deren Hauptleute nicht länger durch die Stände gewählt, sondern durch die Wiener Zentrale eingesetzt und besoldet wurden, zu staatlichen Kontrollorganen über den Adel.

Der allmähliche Wandel der politischen Raumstrukturen, der auch Einstellungen, Werte und Mentalitäten bei den Eliten veränderte, wurde von Zeitgenossen aufmerksam registriert. Dies gilt etwa für den 1621 in Königgrätz geborenen Jesuiten Bohuslav Balbín, der heute als bedeutendster Vertreter der böhmischen Barockhistoriographie gilt. In einem vom Wiener Hof heftig kritisierten, 1677 nur in einer zensierten Fassung gedruckten Werk über die Geschichte Böhmens veröffentlichte er eine Karte des Landes in der Form einer Rose (*Bohemiae rosa*), deren Mittelpunkt zwar Prag darstellt, die ihre ganze Kraft aber aus Wien und Österreich zieht. Das die Rose krönende *Iustitia et Pietate* (Mit Gerechtigkeit und Frömmigkeit), ein nur leicht abgewandelter Wahlspruch Kaiser und König Ferdinands III., war allerdings doppeldeutig. Balbín kritisierte zwar nicht die rigide Rekatholisierung seiner Heimat, die er sogar nach Kräften unterstützte. Die Art und Weise aber, wie man sich in Wien über die Traditionen und kulturellen Eigenheiten Böhmens hinwegsetzte, empfand er als zutiefst demütigend und beschämend.

Die neuen Oberschichten vertraten zwar auch weiterhin die Interessen des Landes, opponierten allerdings nur selten gegen die habsburgische Politik. Ende des 17. Jahrhunderts kam es etwa zu einem Eklat zwischen Mitgliedern des höheren Klerus und der Staatsgewalt. Der Protest des aus altem Landadel stammenden Prager Erzbischofs Johann Friedrich von Waldstein, der seinen Widersachern am Hof die Exkommunikation androhte, richtete sich in erster Linie gegen die finanziellen Ansprüche der Regierung. Dass der böhmische Adel – stärker als der mährische – durchaus Eigeninteressen verfolgte, zeigte sich nach dem Ausbruch des Österreichischen Erbfolgekrieges. Nahezu 400 Adlige huldigten Herzog Karl Albrecht von Bayern, nachdem dieser sich Ende 1741 in Prag zum König von Böhmen hatte krönen lassen. Insgesamt aber trat bei der weltlichen und geistlichen Führungsschicht an die Stelle des früheren Landesbewusstseins ein neuer, übernationaler Gesamtstaatspatriotismus. Als ein belastbares, einigendes Band, das die Loyalität zur Dynastie über mehrere Generationen hinweg festigte, erwies sich dabei der gemeinsame katholische Glaube.

Gegenreformation und katholische Konfessionskultur

Schon während des Dreißigjährigen Krieges war eine konsequente Rekatholisierung der böhmischen Länder in Angriff genommen worden. Waren sich Hof und Kirche über das Ziel auch einig, so bestand doch hinsichtlich der Wahl der Mittel Uneinigkeit. Für ein Ende gewaltsamer Bekehrungsaktionen und eine geduldige Aufklärungs- und Überzeugungsarbeit warb besonders Ernst Adalbert von Harrach, der von 1623 bis 1667, mehr als vier Jahrzehnte also, die Erzdiözese Prag regierte und zum wichtigsten Träger des kirchlichen Wiederaufbaus wurde. Um die seelsorgerliche Betreuung vor allem der Landbewohner zu intensivieren, leitete er 1631 eine Reform der Diözesanverwaltung ein. Anstelle der Archidiakonate und Diakonate errichtete er 23 Vikariate, deren Grenzen sich nunmehr mit den Kreisgrenzen deckten, und führte regelmäßige Vikariatskonferenzen und Visitationen ein. Ein weiterer Schritt war die Neuerrichtung zweier Bistümer in Leitmeritz (1655) und Königgrätz (1664). Um dem akuten Priestermangel abzuhelfen, gründete Erzbischof Harrach in Prag ein eigenes, von den Jesuiten unabhängiges Seminar für die Heranbildung des Diözesanklerus.

Da sich der Weltklerus im 17. Jahrhundert nur langsam erholte, lag die Pfarrei- und Wallfahrtsseelsorge zunächst weitgehend in den Händen von eigens dafür ins Land gerufenen Orden. Die beschuhten und unbeschuhten Karmeliten, die Serviten, Theatiner, Barnabiten, Hiberner, Barmherzigen Brüder und andere Ordensgeistliche gründeten in Böhmen und Mähren Hunderte neuer Niederlassungen. Besondere Bedeutung als Schulorden erlangten die Piaristen, die vom südmährischen Nikolsburg ausgehend ein umfangreiches Wirken an niederen und mittleren Schulen sowie an Konvikten entfalteten. Daneben taten sich die Jesuiten, die in Böhmen seit 1623 in einer eigenen Ordensprovinz organisiert waren, in der Ausbildung und Erziehung der neuen katholischen Eliten hervor. Nahezu bei allen Kollegien, die nach 1620 in rascher Folge entstanden – in Jičin, Iglau, Znaim, Troppau, Kuttenberg und Eger, auf der Prager Kleinseite und in der Neustadt, in Leitmeritz, Königgrätz, Kremsier und Klattau –, wurden Gymnasien errichtet. Die Jesuiten wurden überdies 1653/54 endgültig mit der Leitung und Verwaltung der *Carolo-Ferdinandea* betraut, die aus der Vereinigung der alten Prager Karls-Universität (Collegium Carolinum) und dem dortigen Ordenskolleg der Societas Jesu (Collegium Clementinum) entstanden war.

Für die katholischen Reform- und Erneuerungsbemühungen spielten neben der allgemeinen Bildungsarbeit Wallfahrten und Prozessionen einschließlich des damit verbundenen Wunderglaubens, die Dreifaltigkeits- und Heiligenverehrung, religiöse

Bruderschaften, Volksschauspiele, Andachtsliteratur und die kirchliche Festkultur eine tragende Rolle. Eine der Jungfrau vom Heiligen Berg gewidmete Wallfahrt im böhmischen Příbram hatte der Überlieferung der örtlichen Jesuitenresidenz zufolge 1649 nur 1314 Pilger angezogen; 1655 waren es bereits mehr als 32 000 Wallfahrer jährlich, 1669 rund 87 000, 1698 schließlich 154 000. Ähnliche Beobachtungen lassen sich am Wallfahrtsort Altbunzlau machen, dem Ort, an den sich alle Monarchen in Böhmen – von Ferdinand II. 1623 bis zu Maria Theresia 1743 – unmittelbar nach ihrer Krönung begaben.

Die verschiedenen Frömmigkeitsformen waren stets auch politisch relevant. Deutlich wird dies an der Verehrung des Johannes von Nepomuk, der vom böhmischen Landespatron förmlich zum Staatsheiligen, zur religiösen Identifikations- und Integrationsfigur der österreichischen Gesamtmonarchie, aufstieg. An der Selig- und Heiligsprechung des Märtyrers hatten die Habsburger über Jahrzehnte großen Anteil. Bei den eine ganze Woche dauernden offiziellen Heiligsprechungsfeiern in Prag 1729, die eines der aufwendigsten religiösen Feste der Barockzeit überhaupt darstellen, strömten Hunderttausende Gläubige in zahllosen Prozessionen in die böhmische Hauptstadt. Allein im St. Veitsdom zählte man in den Tagen vom 9. bis zum 16. Oktober 3280 heilige Messen und mehr als 200 000 Kommunikanten. Wie kein anderer Heiliger symbolisiert der heilige Johannes von Nepomuk, dessen Statue seit dem 17. Jahrhundert unzählige Brücken, Straßenkreuzungen und Kirchen zierte, die politische Verbindung der böhmischen und der österreichischen Länder.

Die Zahl der nach dem Dreißigjährigen Krieg in Böhmen und Mähren verbliebenen Protestanten, die keinerlei kirchliche Organisation mehr besaßen, wurde mit der Zeit immer kleiner. Nach Angaben der böhmischen Jesuiten kam es allein in den Jahren 1661 bis 1678 zu rund 30 000 Konversionen. Wer weiter an seinem evangelischen Bekenntnis festhielt, konnte dies nur im Verborgenen innerhalb der Hausgemeinschaft tun und hier eine private Andacht pflegen. Hilfreich dafür waren Postillen, Andachts- und Erbauungsbücher, die in Zittau, Dresden, Halle, Brieg und andernorts in kleinem Format gedruckt und über die

Grenze geschmuggelt wurden. Der Jesuit Antonín Koniáš veröffentlichte 1729 einen Index der in tschechischer und deutscher Sprache verfassten «ketzerischen Irrlehren», in dem er sich damit brüstete, ganz allein mehrere zehntausend dieser «häretischen» Werke verbrannt zu haben. Noch bis Mitte des 18. Jahrhunderts hielten Ausweisungen und Fluchtbewegungen aus Böhmen und Mähren an. Nicht wenige Orte in Deutschland – von Johanngeorgenstadt in Sachsen und Herrnhut in der Oberlausitz bis zu Rixdorf bei Berlin – wurden ganz wesentlich von diesen protestantischen Konfessionsmigranten geprägt.

Die immensen Anstrengungen, die böhmischen Länder in den Schoß der katholischen Kirche zurückzuführen, lassen sich besonders an der reichen und ausgedehnten Bautätigkeit im 17. und 18. Jahrhundert erkennen. Der Barock war hier eben nicht nur ein künstlerisches, sondern auch ein missionsgeschichtliches Phänomen. Als prägend erwies sich abermals der Tatendrang der Jesuiten. Mit dem 1653 begonnenen Neubau des großen innerstädtischen Areals des Clementinums in Prag setzte die Societas Jesu Maßstäbe für die weitere Entwicklung der barocken Sakralarchitektur. Die Vielzahl neugestifteter Kirchen, Klöster und Kapellen verschaffte zugleich der Kirchenmusik einen kräftigen Aufschwung. Das Kulturleben profitierte von kirchlichen Mäzenen ebenso wie von Auftraggebern aus dem hohen und niederen Adel. Dieser baute nicht nur seine Herrensitze im neuen Barockstil um und stattete sie reich aus, sondern finanzierte auch Nachbildungen der großen Wallfahrtsstätten der Christenheit – der Heiligen Stiege von Rom (Lateranpalast) etwa in Graupen, Grulich, Olmütz, Prag und Schumburg oder des Heiligen Grabs von Jerusalem in Maria Ratschitz –, ließ Gnadenkapellen und andere Devotionalbauten errichten und förderte kirchliche Feste, Theateraufführungen und Buchdruckereien.

Als Schrift- und Bildungssprache sowie als Sprache der öffentlichen Verwaltung und Justiz trat das Tschechische seit Mitte des 17. Jahrhunderts zunehmend in den Hintergrund, auch wenn es unverändert von der überwiegenden Mehrheit der Bevölkerung in Böhmen und Mähren gesprochen wurde.

Weiterhin gepflegt und gefördert wurde die tschechische Sprache und Literatur in der Zeit der Gegenreformation und des Barocks von Welt- und Ordensgeistlichen. Bei dem volkssprachlichen Schrifttum handelt es sich häufig, aber nicht ausschließlich um religiöse Erbauungsliteratur. Der Klerus zeigte, wie eine große Zahl grammatikalischer Arbeiten belegt, unter anderem reges Interesse an der Theorie und Sprachentwicklung des Tschechischen. Gleiches gilt für die Geschichtsschreibung. Was der bereits genannte Bohuslav Balbín für Böhmen vollbrachte, leistete sein Freund und Schüler Tomáš Pešina von Čechorod für Mähren. Pešina, der sich als Bischofsvikar in Leitomischl und später als Generalvikar und Kapiteldekan bei St. Veit in Prag mit Nachdruck für tschechischsprachige Seelsorger in tschechischen und gemischtsprachigen Gemeinden einsetzte, verfasste beachtliche historische Abhandlungen in tschechischer Sprache. Damit wolle er zeigen, schrieb er 1663, dass er ein aufrichtiger Verehrer seiner Heimat und ein wahrer Tscheche (*pravý Čech*) sei, der sich seiner heimatlichen Sprache nicht schäme.

Aufgeklärter Absolutismus, Bildungspolitik und Sprachenfrage

Die fünf Jahrzehnte, in denen Maria Theresia und ihr Sohn Joseph II. die Geschicke Böhmens und Mährens, der österreichischen Monarchie und des Heiligen Römischen Reiches deutscher Nation bestimmten, waren eine Zeit größter politischer, gesellschaftlicher und kultureller Herausforderungen und Umbrüche. Zwischen 1740 und 1790 wurden vor allem in den habsburgischen Hausterritorien zahlreiche Reformen in Angriff genommen, die sich im Kern den Anliegen der europäischen Aufklärungsbewegung verdankten, die allerdings auch sehr spezifische Züge trugen. Im Jahrzehnt der Alleinregierung Josephs II. – er war bereits seit 1765 römischer Kaiser und Mitregent seiner Mutter in den österreichischen Erblanden, übernahm aber erst nach deren Tod 1780 auch die Herrschaft in Böhmen und Ungarn – gewann der Modernisierungsprozess dann eine Radikalität, die zwar großen Zuspruch erfuhr, die gleichzeitig jedoch auch traditionelle Bündnispartner der Dynastie zu heftigem Protest und Widerstand provozierte.

Dies gilt in erster Linie für die katholische Kirche. Eine neue staatliche Kirchenpolitik, die auf eine Einschränkung der herkömmlichen, mit dem politischen Programm des Hauses Österreich immer weniger zu vereinbarenden Barockfrömmigkeit hinauslief, hatte sich bereits unter Maria Theresia angekündigt. In Wien arbeitete man seit 1762 an Plänen, die Anzahl der Mönche und Nonnen zu reduzieren. Ein Jahrzehnt später wurden mehrtägige Wallfahrten verboten. Als der Jesuitenorden 1773 auch in Österreich aufgelöst wurde, übernahm mit der Studienhofkommission eine staatliche Stelle die Oberaufsicht über den gesamten Schulbetrieb. Trotz einer gewissen Entfremdung zwischen Hof und Kirche verfolgten die Maßnahmen Maria Theresias, die eine zutiefst gläubige, auf das Seelenheil ihrer Untertanen bedachte Monarchin war, vor allem praktische Zwecke wie den Ausbau des Pfarrnetzes und die Verbesserung der Seelsorge. Diesem Ziel diente in den böhmischen Ländern zum Beispiel die Erhebung des Bistums Olmütz 1777 zum Erzbistum, dem die neu geschaffene Diözese Brünn unterstellt wurde.

Ein konsequentes Staatskirchentum, bei dem der politische Souverän auch sämtliche geistlichen Vollmachten für sich beanspruchte, entwickelte sich erst nach 1780 unter Joseph II., der seine Herrschaft nicht mehr durch das Gottesgnadentum begründete, sondern rational und ethisch legitimierte. Innerhalb kürzester Zeit schuf Joseph II. neue, staatlich kontrollierte Generalseminare für die Priesterausbildung, initiierte eine umfassende Diözesan- und Pfarrregulierung, beschränkte den Einfluss Roms und verbot den direkten Kontakt der Bischöfe und Klöster mit der päpstlichen Kurie und auswärtigen Ordensleitungen. Besonders einschneidend war die Aufhebung aller Männer- und Frauenklöster, die nicht Krankenpflege, Unterricht oder Seelsorge dienten. Waren in Böhmen und Mähren im Jahr 1773 bereits 26 Kollegien und 13 Residenzen der Jesuiten geschlossen worden, so wurde die Zahl der Klöster nun noch einmal um mehr als hundert reduziert. Der Erlös der säkularisierten Güter floss in einen Religionsfonds, durch den der weitere Ausbau des Schulwesens, der Unterhalt der ehemaligen Klosterinsassen, Pfarrer und Kapläne sowie andere Aufgaben finanziert wurden.

Religiöse Toleranz, die Maria Theresia noch für höchst gefährlich erachtet hatte, war für ihren Sohn nicht zuletzt aus Nützlichkeitserwägungen heraus ein geeignetes Mittel, um bisher ausgegrenzte Bevölkerungsgruppen sukzessive mit dem Staat zu versöhnen. Unter die Bestimmungen der 1781/82 für die Länder der Monarchie jeweils einzeln erlassenen Toleranzpatente, die «accatholischen Unterthanen» die freie Religionsausübung zugestanden, fielen daher nicht nur evangelische Christen lutherischen und reformierten Glaubens, sondern auch griechisch-orthodoxe Christen und Juden. Die Protestanten in Böhmen und Mähren besaßen seither alle Bürger- und Meisterrechte, erhielten Zugang zu öffentlichen Ämtern und akademischen Studien und durften Grundbesitz erwerben. Die Duldung bedeutete allerdings keine Gleichberechtigung – der Bau der Gotteshäuser, die evangelische Gemeinden ab einer gewissen Größe errichten durften, war zum Beispiel an strikte Auflagen gebunden. Den rund 70 000 Juden in den böhmischen Ländern wurde mit einem eigenen Toleranzpatent erlaubt, in Handel, Gewerbe und Industrie tätig zu werden sowie «zu ihrer bessern Bildung und Aufklärung» ein Hochschulstudium aufzunehmen. Diese Maßnahmen waren ebenso wie die Zulassung eines eigenen Schulwesens und die Abschaffung diskriminierender Kleidervorschriften wichtige Schritte auf dem Weg zur Integration der Juden in die entstehende bürgerliche Gesellschaft.

Neben der Kirche war es vor allem der Adel, der im politischen und Wirtschaftsleben eine vergleichsweise autonome Stellung besaß. Auch hier stieß der Versuch Josephs II., den Einfluss dieser bisher privilegierten Gesellschaftsgruppe zurückzudrängen, auf starken Widerstand. Zu den Agrarreformen gehörten die 1781 in Böhmen begonnene Aufhebung der Leibeigenschaft, die sogenannte Robot-Abolition, das heißt die Ablösung der Frondienste durch feste Geldzahlungen oder Naturalabgaben, sowie eine umfassende Steuer- und Urbarialregulierung. Diese bestand im Kern in einer Katasteraufnahme des landwirtschaftlich genutzten Landes, mit der eine Bemessungsgrundlage für die Verteilung der Grundsteuerlasten gewonnen werden sollte. Auf neuerliche Empörung stieß Joseph II. schließlich bei mehreren Anläufen, die Stände auszuschalten und eine endgültige Aufgabe ihres Steuerbewilligungsrechtes zu erzwingen.

Größere Kontinuitäten zwischen der Ära Maria Theresias und Josephs II. lassen sich dagegen im Bereich der österreichischen Sprachen- und Bildungspolitik erkennen, die freilich auf den ersten Blick ein höchst widersprüchliches Bild abgibt. Einerseits wurden in der österreichischen Monarchie die verschiedenen Landessprachen, auch das Tschechische, im Geist aufgeklärter Bildungsmaximen gefördert. So beklagte Maria Theresia 1763 in einem Reskript an die Gubernien von Böhmen und Mähren den Rückgang der Tschechischkenntnisse bei den Beamten nicht nur lokaler Ämter und städtischer Magistrate, sondern auch übergeordneter Landesstellen und Justizbehörden: Zur «Beförderung unsers Dienstes» und zur «Aufrechterhaltung der Ordnung und Justiz» aber sei es unumgänglich, «diese so weit verfallene Sprache wiederrumb emporzubringen». Andererseits sind unter beiden Monarchen Tendenzen unverkennbar, den Einflussbereich des Deutschen massiv und gezielt zu vergrößern, und zwar über die bloße Einführung einer einheitlichen Amts- und Verwaltungssprache in allen Landesteilen hinaus. Die Ablösung der lateinischen Unterrichtssprache an den Gymnasien der Jesuiten und Piaristen durch die beiden Volkssprachen in Böhmen und Mähren kam besonders dem Tschechischen zugute, das in den 1750er Jahren auch an der Militärakademie in Wiener Neustadt sowie an der Ingenieurakademie und der Theresianischen Ritterakademie in Wien eingeführt und im Zuge der Reform des Grund- und Mittelschulwesens allgemein aufgewertet wurde. Auf amtliche Anordnung hin wurden ältere Sprachlehrbücher wie die lateinisch geschriebene Grammatik *Čechořečnost seu Grammatica linguae Bohemicae* des Prager Juristen und Philologen Václav Jan Rosa aus dem Jahr 1672 überarbeitet oder völlig neu konzipiert und ins Tschechische übersetzt. Seit 1775 bestand an der Universität

Wien ein Lehrstuhl für «böhmische» (tschechische) Sprache und Literatur; sein erster Inhaber, der aus dem mährischen Welehrad gebürtige Josef Valentin Zlobický, hatte zuvor als Sprachlehrer an der Militärakademie gewirkt und Gesetzestexte aus dem Deutschen ins Tschechische übersetzt.

Die Einrichtung der Wiener Professur, der ersten für eine slawische Sprache weltweit, fiel in die Zeit eines erwachenden tschechischen Nationalbewusstseins, das sich in der zweiten Hälfte des 18. Jahrhunderts allerdings noch ganz auf Teile des Adels, der Geistlichkeit und des gehobenen Bürgertums beschränkte. Die kritische Beschäftigung mit der Vergangenheit Böhmens und Mährens führte in diesen Kreisen zu einer neuen Wertschätzung der aus dem kulturellen Leben nahezu gänzlich verschwundenen tschechischen Sprache. In intellektuellen Zirkeln, Salons und wissenschaftlichen Vereinigungen wie der 1746 in Olmütz gegründeten *Societas Incognitorum*, der ersten Gelehrtengesellschaft der österreichischen Monarchie, oder der 1784 in Prag ins Leben gerufenen «Böhmischen Gesellschaft der Wissenschaften» (*Česká společnost nauk*) wirkten Deutsche und Tschechen völlig selbstverständlich zusammen.

Zeitungen und Zeitschriften, gelehrte wie schöngeistige, erschienen in ihrer großen Masse in deutscher, Gesetzestexte und staatsrechtliche Abhandlungen in deutscher und tschechischer Sprache. Nur sehr langsam stieg die Zahl tschechischer Verlagstitel. Noch 1778 klagte Josef Táborský im Vorwort seiner auf Tschechisch verfassten Landesbeschreibung Böhmens (*Krátké Wypsánj Země Cžeské*): Niemandem bleibe verborgen, wie klein noch immer die Zahl der tschechischen Bücher sei, aus denen die Tschechen Weisheit, Bedächtigkeit und Liebe zur eigenen Muttersprache schöpfen könnten.

Was in dieser Phase «Muttersprache», «vaterländische Geschichte» und «Landespatriotismus» meinte, wie sprachliche Identität, territoriale Herkunft und ethnisches Bewusstsein zusammenhingen und was genau die Begriffe «böhmisch», «czechisch» und «český» jeweils benannten, ist allerdings nur selten klar zu bestimmen. In seinem Werk *Erinnerung über einen wichtigen Gegenstand von einem Böhmen* bezeichnete sich der aus Prag gebürtige österreichische General Franz Graf Kinsky 1773 als «Abkömmling der Slaven» und empfahl für die Erziehung der Kinder in Böhmen und Mähren Unterricht auf Tschechisch und auf Deutsch. Als Literatursprache in der Gesamtmonarchie aber verteidigte er entschieden das Deutsche. Ein solches mehrfaches Nationalbewusstsein, das sich nicht auf eine einzige Identität beschränken ließ, war innerhalb der oberen Stände eher die Regel als die Ausnahme. Gegenüber dem älteren politischen sollte sich allerdings schon bald ein neuer, sprachlich-ethnisch definierter Nationsbegriff in den böhmischen Ländern durchsetzen.

VI. Von der «Nationalen Wiedergeburt» bis zum Zerfall Österreich-Ungarns (1790–1918)

Gesellschaftliche Mobilisierung und Frühindustrialisierung

Schon Mitte des 18. Jahrhunderts hatte Franz I., der aus Lothringen gebürtige Ehemann Maria Theresias, in aller Offenheit nach dem Wert und politischen Nutzen der Kaiserkrone gefragt. Mit Argwohn hütete Wien zwar auch in den kommenden Jahrzehnten den Anspruch auf das Kaisertum, doch stand dahinter zugleich das Kalkül, durch die römische Kaiserwürde das internationale Ansehen der österreichischen Monarchie zu festigen und eine Rangerhöhung konkurrierender Dynastien zu verhindern. Beschleunigt wurde der imperiale Aufstieg der habsburgischen Staatenwelt durch die Folgen der Ereignisse in Versailles und Paris 1789, vor allem durch die militärische Expansion des revolutionären Frankreich, der die Verfassung des politisch zersplitterten Alten Reiches nicht standhielt. Der bereits in den 1790er Jahren einsetzende Prozess der Reichsauflösung fand seinen Abschluss 1806 mit der Niederlegung der Kaiserkrone durch Franz II., der bezeichnenderweise schon zwei Jahre zuvor – als Franz I. – für sich und seine Nachfolger zusätzlich den Titel eines erblichen Kaisers von Österreich angenommen hatte.

Die böhmischen Länder waren seither Teil des Kaisertums Österreich, das sich trotz massiver innenpolitischer Herausforderungen und Krisen als Vielvölkerstaat bis 1918 zu behaupten wusste. Dem *Allgemeinen Bürgerlichen Gesetzbuch* nach, das den Übergang von der Ständeordnung zur bürgerlichen Gesellschaft einleitete und am 1. Januar 1812 in allen Kronländern mit Ausnahme Ungarns in Kraft trat, besaßen tschechische wie deutsche Bewohner Böhmens, Mährens und Österreichisch-Schlesiens die österreichische Staatsbürgerschaft. Die tschechische Nationalbewegung, die ihren Aufstieg im 19. Jahrhundert nahm, entwickelte sich zum einen in der Opposition und im Widerstand gegen den österreichischen Kaiserstaat, zum anderen in Auseinandersetzung mit dem deutschen Bevölkerungsteil im eigenen Land. Die innere Entwicklung der böhmischen Länder lässt sich insofern nicht ohne Berücksichtigung der gesamtstaatlichen Entwicklung erfassen. Seit dem Ausgleich mit Ungarn von 1867 bestand das Habsburgerreich aus zwei nominell souveränen Staatswesen. Die böhmischen Länder gehörten fortan zu «Cisleithanien», zu den – so der offizielle Name – «im Reichsrathe vertretenen Königreichen und Ländern». «Gesamtstaatlich» bedeutete aus Sicht Prags in der Zeit der Doppelmonarchie Österreich-Ungarn «Cisleithanien», die westliche Reichshälfte diesseits der Leitha, nicht aber den ungarischen Landesteil («Transleithanien»).

Verfassungsrechtlich bildeten die böhmischen Länder mit ihren jeweils eigenen Landtagen, Institutionen und politischen Eliten keine Einheit. In Mähren und Österreichisch-Schlesien, die seit 1782 administrativ verbunden waren, herrschte das ganze 19. Jahrhundert über ein ausgeprägtes, schon seit Jahrhunderten tradiertes Regionalbewusstsein vor, das nicht nur kulturelle, sondern auch politische Wirkungen nach sich zog. Für diese beiden Länder, die lange auch in nationalen Belangen einen Führungsanspruch Böhmens ablehnten, war die Ausrichtung nach Wien und zum Gesamtstaat oftmals stärker als diejenige nach Prag. Entsprechend schwierig und mitunter widersprüchlich waren die Eigen- und Fremdbezeichnung der einzelnen Bevölkerungsgruppen, weil jeder Begriff zwangsläufig für eine bestimmte politische Option und Orientierung stand. Nicht weniger schwer taten sich die österreichischen Behörden mit den regionalen Eigenheiten. Um nicht nach außen hervorzuheben, dass es auch in Mähren Tschechen gab, untersagte man etwa das in Böhmen für den amtlichen Gebrauch zugelassene Adjektiv *českoslovanský* (tschechoslawisch). Da eine neue Bezeichnung wie *moravskoslovanský* (mährischslawisch) keine überzeugende Alternative bot, ließ Wien in Mähren eine Zeit lang offiziell nur die Benennung *slovanský* zu. Das 1874 in Olmütz gegründete tschechische Gymnasium hieß daher lediglich *Slovanské gymnásium* beziehungsweise in deutschsprachigen Texten «k[aiserlich] k[önigliches] slavisches Gymnasium».

Die lange Regierungszeit von Kaiser Franz II. (I.) von 1792 bis 1835 war mehr als zwei Jahrzehnte von Fragen der Außen- und Sicherheitspolitik beherrscht, und hier in erster Linie vom Kampf gegen eine drohende Vormachtstellung Frankreichs in Europa. Wiederholt wurden die böhmischen Länder, die finanziell schwer an den Kriegslasten trugen, unmittelbar in die militärischen Konflikte einbezogen. Bekannt ist vor allem aus dem Dritten Koalitionskrieg die Schlacht bei Austerlitz in Südmähren am 2. Dezember 1805 («Dreikaiserschlacht»), in der Napoleon den Armeen der Kaiser von Österreich und Russland am ersten Jahrestag seiner Kaiserkrönung eine vernichtende Niederlage zufügte.

Die Beschlüsse des Wiener Kongresses von 1814/15, auf dem die Siegermächte Österreich, Preußen, England und Russland die Grundlagen für das nachnapoleonische Mächtesystem Europas legten, berührten in einem wesentlichen Punkt auch die böhmischen Länder. Als eine «Gemeinschaft selbständiger, unter sich unabhängiger Staaten» entstand 1815 der Deutsche Bund, dessen Satzung in die Wiener Kongressakte aufgenommen und damit gesamteuropäisch anerkannt wurde. Umstritten war zunächst, in welchem territorialen Umfang die beiden deutschen Führungsmächte, Österreich und Preußen, dem neuen überstaatlichen Gebilde beitreten würden. Wien konnte sich schließlich gegen Berlin, das für ein kleineres, dafür aber stabileres Bundesgebiet plädiert hatte, mit seiner Forderung nach Aufnahme aller «vormals zum teutschen Reich gehörigen Besitzungen» durchsetzen. Damit waren auch die böhmischen Länder (bis 1866) Teil des Deutschen Bundes, der über die Bundesversammlung in Frankfurt am Main Einfluss auf die inneren Angelegenheiten der Mitgliedstaaten nehmen konnte. Den hitzigen Debatten, ob und wie der Deutsche Bund durch einen nationalen Bundesstaat ersetzt werden sollte, konnten sich Politiker und Intellektuelle in Böhmen in den kommenden Jahrzehnten nicht entziehen.

Ein Beispiel für die Wirkungsmacht der Bundesversammlung, zugleich aber auch für die repressive Innenpolitik der Wiener Regierung in der ersten Hälfte des 19. Jahrhunderts, waren die Karlsbader Beschlüsse von 1819. Auf Initiative Clemens Fürst Metternichs, des bedeutendsten österreichischen Staatsmanns der Restaurationszeit, hatten sich die größeren Staaten des Deutschen Bundes im böhmischen Karlsbad auf ein hartes Vorgehen gegen die nationale und liberale Bewegung verständigt. Die von der Frankfurter Bundesversammlung wenig später angenommenen Beschlüsse, die unter anderem die Universitäten unter staatliche Aufsicht stellten und die Zensurbestimmungen verschärften, waren als Instrument gedacht, die öffentliche Meinung zu kontrollieren und die tatsächliche oder auch nur vermeintliche politische Opposition zu kriminalisieren. Das «Metternichsche System», ein von Zeitgenossen des österreichischen Staatskanzlers geprägtes Schlagwort, das als Inbegriff von Bespitzelung, Verfolgung und Unterdrückung von Presse- und Versammlungsfreiheit gilt, prägte auch in den böhmischen Ländern die politische Lage des Vormärz. Einem kritischen Intellektuellen wie dem Prager Philosophen und Religionswissenschaftler Bernard Bolzano beispielsweise wurde der Lehrstuhl an der Karlsuniversität entzogen und jede weitere öffentliche Tätigkeit untersagt.

Im Gegensatz zur obrigkeitsstaatlichen und reaktionären Innenpolitik verfolgte Wien wirtschaftspolitisch einen vergleichsweise liberalen Kurs, der sich am Abbau rechtlicher Schranken, an der Förderung von Industrieausstellungen, der Gründung gewerblicher Schulen sowie dem Ausbau der Straßen, Wasserwege und des seit den 1830er Jahren entstehenden Schienennetzes ablesen lässt. Der vom Staat geförderte Wirtschaftsaufschwung konnte zwar die beherrschende ökonomische Stellung des Adels noch nicht erschüttern, hatte aber mit dem Aufstieg des Bürgertums und der Herausbildung einer industriellen Arbeitskultur und Technikentwicklung gleichwohl tiefgehende soziale Umschichtungen zur Folge.

In den böhmischen Ländern war die Frühindustrialisierung darüber hinaus mit Blick auf die ethnisch-sprachliche Situation von Bedeutung. Die Welle neuer Industriegründungen erfasste zuerst die mehrheitlich von Deutschen besiedelten Mittelgebirgslandschaften sowie die größeren Städte mit einer vielfach deutschen Oberschicht, während die fruchtbaren und landwirtschaftlich genutzten, überwiegend von Tschechen bewohnten Gebiete Innerböhmens und -mährens von dem ökonomischen Wandel zunächst kaum berührt wurden. Die Zahl der aus dem tschechischen Handwerkerstand aufgestiegenen bürgerlichen Unternehmer blieb im Vormärz noch gering. Der wachsende Zuzug tschechischer Arbeitskräfte in die deutschsprachigen Regionen und Städte veränderte die bisherigen Positionen beider Sprachgruppen immer stärker. Das tschechische Bürgertum gewann zwar im Zuge des wirtschaftlichen Modernisierungsprozesses spürbar an Gewicht, es gelang ihm aber vor der Revolution von 1848 nicht, seine politische Stellung der ökonomischen Bedeutung anzugleichen. Insgesamt förderte die wirtschaftliche Entwicklung Böhmens und Mährens, die auf den politischen Bereich zurückwirkte, das Entstehen zweier Parallelgesellschaften entlang der tschechisch-deutschen Sprachgrenze.

Charakteristisch für die erste Phase der Industrialisierung, für die Aufbau und Erfolg moderner industrieller Wirtschaftsformen ebenso kennzeichnend waren wie Strukturkrisen der vorindustriellen Wirtschaftssektoren und Massenarmut, war das enorme Wachstum der Bevölkerung. Hatte die Gesamtbevölkerung der böhmischen Länder 1790 noch knapp 4,5 Millionen Menschen betragen, so wuchs sie bis Mitte des 19. Jahrhunderts auf mehr als 6,5 Millionen an – mit starken regionalen Unterschieden zwischen den vorherrschend gewerblichen Gebieten und rein agrarischen Landesteilen. Viele Städte profitierten von der wachsenden Mobilität von Menschen und Waren und wuchsen zu mächtigen Industriezentren heran. Dies gilt beispielsweise für Reichenberg, das neben der Textilindustrie auch im Bereich der Eisenverarbeitung eine führende Stellung erlangte, und für Brünn, das in den 1840er Jahren zum zweitgrößten Maschinenbauzentrum der Monarchie nach Wien aufrückte. Die höchste Zuwanderung verzeichnete die Hauptstadt Prag, deren Einwohnerzahl Mitte des 19. Jahrhunderts bei knapp 150 000 lag. Aber auch weniger exponierte Orte konnten einen zum Teil beachtlichen Aufschwung verzeichnen. Eine besonders dynamische Entwicklung nahm die mährische Kleinstadt Sternberg, deren Einwohnerzahl sich zwischen 1790 und 1850 durch den Aufbau einer Textilindustrie nahezu verdreifachte.

Das Leben der meisten Menschen wurde bis Mitte des 19. Jahrhunderts jedoch nicht von den Städten und der Industrie, sondern weiterhin vom Land bestimmt. Zahlreiche Abgaben und Leistungen, vor allem die unverändert bestehende Robotpflicht, lasteten schwer auf der Landbevölkerung; eine allmähliche Umgestaltung der überkommenen Agrarordnung deutete sich jedoch bereits im Vormärz an. Nahezu zwei Drittel aller Güter in Böhmen, 1453 von insgesamt 2232 Dominien, waren 1802 im Besitz von 316 Adligen, die in den kommenden Jahrzehnten neue Anbaumethoden und technische Innovationen einführten. Franz Anton Graf Thun-Hohenstein war einer der ersten, der Ende der 1820er Jahre eine durch Wasserkraft betriebene Dreschmaschine auf seiner Herrschaft Tetschen verwendete. Im Rahmen der Frühindustrialisierung spielten diese leistungsfähigen Güter eine zum Teil beträchtliche Rolle, und zwar nicht nur bei der Entstehung einer Nahrungsmittelindustrie, sondern auch im Bergbau, im Hüttenwesen, in der Textilindustrie und bei der Entwicklung einer modernen Schwerindustrie.

Die Gründung von Manufakturen lag anfänglich auch deshalb fast ausnahmslos in der Hand des Adels, weil dessen bürgerlichen Konkurrenten die notwendige Kapitalbasis fehlte.

Nur langsam gelang es dieser Gruppe, die zu Beginn des 19. Jahrhunderts noch mehrheitlich deutsch oder deutsch-jüdischen Ursprungs war, den Adel aus einzelnen Produktionsbereichen zurückzudrängen. Zu einem der führenden bürgerlichen Großunternehmer Böhmens stieg Johann David Starck auf, der zahlreiche Fabriken für die Herstellung chemischer Produkte errichtete und mehrere Mineralwerke besaß; seine Unternehmen, in denen zeitweise mehr als 1500 Arbeiter beschäftigt waren, deckten rund 90 Prozent der böhmischen Alaun- und Schwefelerzeugung und mehr als die Hälfte der Vitriolproduktion. Der aus Böhmisch Budweis gebürtige Vojtěch Lanna betätigte sich mit großem Erfolg im Wasserstraßen- und Eisenbahnbau. Sein Werdegang zeigt die große Bedeutung, die das 1806 in Prag aus einem Ingenieurinstitut der Stände hervorgegangene Polytechnikum für die Heranziehung junger, deutsch- wie tschechischsprachiger Nachwuchskräfte hatte. Die nach dem Vorbild der Pariser *École Polytechnique* konzipierte Hochschule, die erste Einrichtung ihrer Art im österreichischen Kaiserstaat, diente zunächst vor allem der Ausbildung im Bereich der böhmischen «National-Gewerbe», der Tuch-, Glas- und Eisenindustrie.

Nicht nur die zahlreichen Gewerbeschulen und Zusammenschlüsse wie der «Verein zur Ermunterung des Gewerbegeistes in Böhmen» (*Jednota pro povzbuzení průmyslu v Čechách*), sondern auch bedeutende kulturelle Einrichtungen wie die Gesellschaft patriotischer Kunstfreunde, das Prager Konservatorium für Musik oder die großen Museumsstiftungen in den einzelnen Kronländern – das Königlich Böhmische Landesmuseum in Prag, das mährische Franzens-Museum in Brünn und das Schlesische Museum in Troppau – gingen vornehmlich auf Initiativen des Adels zurück. Der Adel blieb in seiner überwältigenden Mehrheit bis in das Revolutionsjahr 1848 hinein einem Landespatriotismus verpflichtet, der klare nationale Zuordnungen ablehnte. So betonte der einflussreiche böhmische Aristokrat Joseph Mathias Graf Thun in seiner Denkschrift *Der Slawismus in Böhmen* noch 1845 mit Nachdruck, dass er «weder ein Čeche noch ein Deutscher, sondern nur ein Böhme» sei, der, «von inniger Vaterlandsliebe durchglüht, das Unterdrückenwollen einer dieser beiden Nationalitäten – gleichviel welcher – als das unheilvollste Mißgeschick» betrachte.

Der zweisprachige Bohemismus, ein national noch weitgehend indifferentes Landesbewusstsein, war nicht auf das adlige Milieu beschränkt, sondern fand auch in bürgerlichen Kreisen Fürsprecher. Leidenschaftlich warb der schon genannte Bernard Bolzano in seinen Vorlesungen der Jahre 1810 bis 1816 für ein friedliches Zusammenleben der beiden «Stämme Böhmens». Zwar gab es auch in dieser Zeit Auswüchse nationaler Identitätssuche und Geschichtskonstruktion, wie der erbitterte Streit um die sogenannte Königinhofer und die Grünberger Handschrift – Fragmente zweier vermeintlich alttschechischer Dichtungen, die sich Jahrzehnte später als Fälschungen erwiesen – offenbart. Aber die böhmisch-patriotisch motivierten Bemühungen um eine Förderung der tschechischen Sprache und Kultur, die während der Aufklärung eingesetzt hatten, konnten das Zusammenleben der beiden Sprachgruppen in den böhmischen Ländern im ersten Drittel des 19. Jahrhunderts noch nicht ernsthaft beeinträchtigen.

Josef Dobrovský, die zentrale Persönlichkeit der ersten, in der tschechischen Historiographie als *národní obrození* (Nationale Wiedergeburt) bezeichneten Phase dieser Erneuerungsbewegung, publizierte seine großen Abhandlungen zur tschechischen Sprache und Literatur in deutscher oder lateinischer Sprache. Dass sich die tschechische Volkssprache, die um 1830 etwa zwei Drittel der Bevölkerung gesprochen haben dürften, eines Tages gegen die deutsche Amts- und Kultursprache behaupten würde, war für den eher an der Vergangenheit als an der Gegenwart interessierten Privatgelehrten noch unvorstellbar. Diese Auffassung änderte sich grundlegend in der zweiten Phase der «Nationalen Wiedergeburt», in der die Vorstellung von einer über die Sprache definierten tschechischen Nation allmählich an Boden gewann. Deutlich wird dies am Werk von Josef Jungmann, einem produktiven tschechischen Sprachwissenschaftler und einflussreichen Intellektuellen, der sich von Dobrovský, von dem er verächtlich als einem «slavisierenden Deutschen» sprach, klar distanzierte und tatkräftig die Vision verfolgte, möglichst rasch eine reich entwickelte, vielschichtige tschechische Kultur zu schaffen.

Institutionelle Hauptträger der tschechischen Nationalbewegung vor 1848 waren zum einen das «Vaterländische Museum in Böhmen» (*Vlastenecké muzeum v Čechách*), das unter der Redaktion von František Palacký seit 1827 zwei wichtige Zeitschriften herausgab, sowie die 1831 gegründete *Matice česká*, ein Kultur- und Bildungsverein, in dem die führenden Köpfe der an Zahl und Einfluss rasant zunehmenden tschechischen Intelligenz zusammenkamen. Räumlich konzentrierte sich die Nationalbewegung auf die städtischen Zentren, allen voran Prag, wo die zunehmende Politisierung der öffentlichen Tätigkeit der Tschechen am deutlichsten erkennbar war. In der böhmischen Hauptstadt fand 1844 auch eine radikal-demokratische Gruppe in dem geheimen, nach einer irischen Befreiungsorganisation benannten *Repeal-Club* zusammen, in dem der tschechische Journalist Karel Havlíček eine führende Rolle gewann. Im ländlichen Bereich Böhmens sowie in Mähren und Österreichisch-Schlesien dagegen sahen die Verhältnisse in aller Regel anders aus, ein ausgeprägtes Nationalbewusstsein war dort nur selten zu finden. Gleichwohl sollte sich nur wenig später, angestoßen durch die Unruhen in Paris im Februar 1848, zeigen, wie weit die gesellschaftliche Mobilisierung der tschechischen Nationalbewegung bereits fortgeschritten war.

Die Formierung der tschechischen Nationalgesellschaft

In ganz Ostmitteleuropa eröffneten die Revolutionen der Jahre 1848/49, die in diesem Raum Hoffnungen auf bürgerliche Freiheiten mit Forderungen nach nationalen Rechten verbanden, schlagartig die Perspektive einer politischen Neuordnung. Der euphorisch aufgenommene Sturz Metternichs am 13. März 1848 löste nicht nur in Prag, sondern auch in Pressburg, Pest, Posen, Lemberg, Krakau und Agram eine Flut von Memoranden und Petitionen an den Kaiser aus. Auf tschechischer Seite erhoben sich erstmals Stimmen, die eine Zerschlagung des Kaisertums Österreich und die Wiedererrichtung eines böhmischen

Staates in Erwägung zogen. Bei den Deutschen entstanden Gedankenspiele, die von ihnen besiedelten Gebiete Böhmens und Mährens abzuspalten und den benachbarten deutschen Staaten anzuschließen. Bei all diesen Fragen spielten internationale Zusammenhänge, besonders die Frage nach der künftigen Gestalt eines national geeinten Deutschland, eine erhebliche Rolle.

Im Zentrum der politischen Agitation, in Prag, hatte eine große Bürgerversammlung Anfang März 1848 die Aufhebung der Untertänigkeitsverhältnisse verlangt, die vollständige Gleichstellung der tschechischen Nationalität und Sprache mit der deutschen in den Schulen und vor Gericht, die administrative Vereinigung der böhmischen Länder innerhalb der österreichischen Monarchie und die Konstituierung eines Gesamtlandtags. Die Stimmung vor allem unter den Tschechen verschärfte sich jedoch rasant, zumal Wien auf diesen Forderungskatalog nur ausweichend reagierte. In der Erstausgabe der *Národní nowiny* (Nationalzeitung), der ersten großen tschechischen Tageszeitung, äußerte Havlíček am 5. April 1848 in aller Offenheit, dass den Tschechen nicht zuletzt aufgrund ihrer Bevölkerungszahl die Vorherrschaft in den böhmischen Ländern zustehe. Unter den Deutschen wiederum ließ diese Entwicklung die Furcht aufkommen, ihre Vorrangstellung einzubüßen und in kurzer Zeit vollends in die Defensive gedrängt zu werden. Wie rasch der nationale Trennungsgedanke in jenen Monaten an Boden gewann, lässt sich an der Gründung des «Vereins der Deutschen aus Böhmen, Mähren und Schlesien zur Aufrechterhaltung ihrer Nationalität» in Wien ablesen. Der Verein, so sein Initiator, der Deutschböhme Ludwig von Löhner, verstehe sich zuvorderst als Schutzdamm gegen die «Slawomanen».

Das politische Programm des tschechischen Bürgertums wird aus einem Schreiben ersichtlich, das František Palacký, der in den vorangegangenen Jahren zur führenden Autorität der tschechischen Nationalbewegung avanciert war, am 11. April 1848 an den Ausschuss des Frankfurter Vorparlaments richtete. Auch der Prager Historiker war aufgefordert worden, für die geplante deutsche Nationalversammlung zu kandidieren. Palacký lehnte jedoch nicht nur die Einladung ab, er wies auch alle Ansprüche von deutscher Seite auf eine Eingliederung der böhmischen Länder in einen deutschen Nationalstaat strikt zurück. Gleichzeitig plädierte er für den Fortbestand eines unabhängigen, multinationalen Habsburgerstaates, der gerade den kleinen slawischen Völkern des östlichen Mitteleuropa wirksamen Schutz gewähre. Dies sei allerdings nur in einem österreichischen Staat möglich, der die völlige Gleichberechtigung der in ihm lebenden Nationalitäten zugestehe und auf Dauer gewährleiste. Im ersten gesamtdeutschen Parlament waren zwar schließlich 68 Abgeordnete aus den böhmischen Ländern vertreten, unter ihnen aber keine Tschechen, sie hatten eine Teilnahme kategorisch abgelehnt. Im Juni 1848 organisierten sie als Gegenveranstaltung zur Paulskirche einen Slawenkongress in Prag, der die politischen Anliegen der im Kaisertum Österreich lebenden Slawen erörtern und nach gemeinsamen Positionen suchen sollte.

Die hitzigen Debatten über die Sprachenfrage auf dem im Juli einberufenen verfassunggebenden Reichstag in Wien zeigten überdeutlich, dass es in jenen Monaten um nichts Geringeres als um den künftigen Führungsanspruch innerhalb des durch die Revolution erschütterten Vielvölkerstaates ging. Die selbstbewusste Erklärung des böhmischen Abgeordneten František Ladislav Rieger in der Sitzung vom 11. September 1848, Österreich werde nur bestehen, solange es die Slawen wollten, lässt erkennen, dass sich die Tschechen als die staatserhaltende Nation betrachteten und daraus Machtansprüche ableiteten. Umso größer musste die Ernüchterung über das am Ende Erreichte sein. Den von Wien nach Kremsier verlegten Reichstag ließ Franz Joseph I., der erst wenige Monate zuvor als Achtzehnjähriger den Thron bestiegen hatte, am 7. März 1849 mit Waffengewalt auflösen. Am selben Tag oktroyierte der Kaiser eine neue Verfassung, die auf den 4. März rückdatiert wurde. Sie schrieb abermals ein zentralistisches System fest und stärkte darüber hinaus massiv die Stellung des Herrschers und der Regierung.

Aus Verdrossenheit über das Scheitern der Verfassungspläne, aber auch wegen verschärfter Überwachungs- und Zensurmaßnahmen verstummten die politischen Eliten der Tschechen in den kommenden Jahren der neoabsolutistischen Ära zunehmend. Liberale Zeitungen wie die tschechischen *Národní nowiny* oder die Prager *Deutsche Zeitung* wurden ebenso verboten wie politische Vereine und parteiähnliche Zusammenschlüsse. Verwaltung und Gerichtsbarkeit waren der Märzverfassung nach Sache der Zentralgewalt, so dass der böhmische Landtag zu einem rein beratenden Organ des vom Kaiser ernannten Statthalters absank. Der an die Stelle des 1848 aufgelösten Staatsrats tretende, ebenfalls als bloßes Beratungsgremium gedachte Reichsrat – die einzige der in der Märzverfassung vorgesehenen zentralen Institutionen, die tatsächlich eingerichtet wurde – entwickelte sich immerhin zu einer Art Ersatzparlament. Das nachrevolutionäre Regime hielt zunächst am Gleichberechtigungsprinzip der Nationalitäten fest. Das neu eingeführte *Allgemeine Reichs-Gesetz- und Regierungsblatt für das Kaiserthum Oesterreich* wurde in allen zehn Sprachen der Monarchie publiziert. Der österreichische Innenminister Alexander Bach forderte seine Beamten ausdrücklich zum Gebrauch der «landesüblichen Sprachen» in den einzelnen Ländern der Monarchie auf. Im Alltag erwies sich eine solche Regelung, die überdies die Reichseinheit zu gefährden drohte, jedoch als nicht praktikabel. Je stärker Wien allerdings in Bürokratie und Schule auf die Dominanz der deutschen Sprache setzte, desto nachhaltiger übertrugen die nichtdeutschen Völker ihre Abneigung gegen die Regierungsform auf die Deutschen Österreichs. Dem modernisierten Beamtenapparat stand man eben auch deshalb kritisch gegenüber, weil er als Mittel zur Sicherung der deutschen Führungsstellung im Kaiserstaat wahrgenommen wurde.

Mit der Wiederaufnahme des konstitutionellen Lebens im Habsburgerreich nach 1860 traten die gesamtstaatlichen Probleme, die der Neoabsolutismus nur überdeckt hatte, abermals in aller Schärfe zutage. Das Kernproblem bestand nach wie vor darin, einen Ausgleich zwischen einer starken, für die Aufrechterhaltung der Großmachtstellung des österreichischen Kaiserstaates unerlässlichen Zentralgewalt einerseits und den nationalpolitischen Ansprüchen der einzelnen Völker andererseits zu finden. Es setzte eine Phase der Verfassungsexperimente ein, die mal zum Zentralismus neigten, mal föderalistische Züge trugen. Die daraus resultierenden Spannungen zwischen den einzelnen Nationalitäten waren zudem mit sozialen Auseinandersetzungen zwischen Adel und Bürgertum verknüpft. Weitere Dynamik erhielt die innenpolitische Entwicklung durch außenpolitische Rückschläge der österreichischen Monarchie. Deutlich wird dieser Zusammenhang besonders nach der Niederlage gegen Preußen 1866 bei Königgrätz, die nicht nur das Ausscheiden Österreichs aus der deutschen Politik besiegelte. Sie machte ein Jahr später auch eine Anerkennung der Selbständigkeit Ungarns unumgänglich. Der «Ausgleich» von 1867, den die Tschechen als Provokation empfanden, veränderte den Kaiserstaat von Grund auf. Zu den Maximen der Reichspolitik Kaiser Franz Josephs I. zählte fortan, die politische Dominanz der Magyaren in Transleithanien zu akzeptieren, in den böhmisch-österreichischen Ländern dagegen die Vorherrschaft der Deutschen zu sichern.

Die Erfolge des staatsrechtlichen Kampfes der Magyaren beeinflussten auch die Formulierung eines entsprechenden Programms der Tschechen, die bereits 1848/49 die Idee eines «Böhmischen Staatsrechts» (*české státní právo*) propagiert hatten. Seit den 1860er Jahren wurde dieser meist mit historischen Darlegungen geführte Diskurs, hinter dem jedoch konkrete politische Forderungen standen, zum Grundpfeiler der tschechischen bürgerlichen Politik in der Habsburgermonarchie. Die Staatsrechtstheorie, die die unteilbare territoriale Einheit Böhmens, Mährens und Österreichisch-Schlesiens hervorhob, diente zum einen der tschechisch-nationalen Integration dieser Kronländer. Zum anderen sollten mit ihrer Hilfe alle deutschböhmischen Konzepte, die auf eine Herauslösung von Gebietsteilen abzielten, delegitimiert werden. Mit dem Argument der Rechtskontinuität, das den Anspruch der Tschechen auf alle böhmischen Länder bekräftigte und die deutschen Bevölkerungsteile in eine Minderheitenrolle zu drängen drohte, ließ sich zugleich innerhalb Österreichs für einen Neubau auf föderalistischer Grundlage kämpfen. So wiesen die tschechischen Landtagsabgeordneten Böhmens und Mährens im August 1868 in zwei Deklarationen feierlich darauf hin, mit Ausnahme der gemeinsamen

Dynastie in keiner Verbindung mit den übrigen habsburgischen Ländern zu stehen.

Die nationalpolitischen Differenzen jener Jahre spiegeln sich zwangsläufig auch in der Reichs- und Landesgesetzgebung wider. Enttäuscht waren die tschechischen Abgeordneten nicht nur von ihren eingeschränkten Wirkungsmöglichkeiten im 1861 wiedereröffneten Reichsrat in Wien, dem sie schon nach kurzer Zeit fernblieben; auch die Verhältnisse im böhmischen Landtag gestalteten sich für sie letztlich unbefriedigend. In dem Beitrag *Idea státu Rakouského*, der 1866 zunächst in dem tschechischen Journal *Národ* (Nation), wenig später dann unter dem Titel *Oesterreichs Staatsidee* in deutscher Übersetzung erschienen war, beklagte Palacký, dass in Prag «nur noch über einige Localbedürfnisse, über Krankenhäuser und Spitäler, über Vorspann und Militäreinquartirung» verhandelt werde, «alle anderen Angelegenheiten aber nach Wien einbezogen werden, um dort einseitig und – deutsch erledigt zu werden». Aus dem böhmischen Landtag aber drohe «das parlamentarische Leben, ohne das es künftighin für eine Nation nicht nur kein Gedeihen, sondern nicht einmal ein Leben giebt», binnen kurzem vollständig zu verschwinden.

Die österreichische Dezemberverfassung von 1867 brachte allerdings eine gegenüber den Bestimmungen von 1861 wichtige Neuregelung und schuf eine Generalklausel zugunsten der Länderkompetenz: Sämtliche nicht in den Staatsgrundgesetzen über die Reichsvertretung genannten Angelegenheiten waren seither Aufgaben der Kronländer. Nicht immer machten die Landtage Böhmens, Mährens und Schlesiens jedoch von ihren Rechten Gebrauch, für ihr jeweiliges Territorium spezifische Normen zu schaffen. So nutzte zum Beispiel nur der böhmische Landtag die im Reichsgemeindegesetz vorgesehene Möglichkeit, zwischen Land und Gemeinden weitere Selbstverwaltungskörperschaften einzurichten. Besonders umstritten waren alle Anläufe zur Regelung des Nationalitäten-, vor allem des Sprachenrechts. Die Reichsgesetzgebung beschränkte sich im entsprechenden Artikel über die allgemeinen Rechte der Staatsbürger auf eine Gewährleistung der Gleichberechtigung aller

«Volksstämme», überließ die Ausführung dieser Rahmenbestimmungen jedoch den einzelnen Kronländern. Der böhmische Landtag brachte eine Fülle von Gesetzen auf den Weg, die der sprachlichen Situation im Land Rechnung trugen. Auch der Sprachgebrauch auf dem Landtag selbst wurde 1899 durch eine um Konsens zwischen den Sprachgruppen bemühte Geschäftsordnung geregelt.

Alle nationalen Probleme waren über die Reichs- und Landesgesetzgebung freilich nicht zu lösen, zumal die Detailfragen stets Positionen und Prinzipien betrafen, die jede Seite als unverzichtbar beurteilte. Mit dem Vorwurf der «Landeszerreißung» verhinderten die Tschechen beispielsweise die von den Deutschen in den böhmischen Ländern verlangte sprachliche Abgrenzung der Verwaltungs-und Gerichtssprengel, während die innere tschechische Amtssprache mit dem Hinweis auf die unabdingbare «Wahrung des deutschen Besitzstandes» abgelehnt wurde. In Böhmen ließ diese Blockadehaltung alle Anläufe scheitern, die von Jahr zu Jahr an Heftigkeit zunehmenden Konflikte auf der Grundlage einer gesetzlichen Regelung zu verringern. In Mähren dagegen, wo der Nationalitatenkampf noch keine vergleichbare Zuspitzung erfahren hatte, trug die Ausgleichspolitik Früchte. Der «Mährische Ausgleich» vom 7. November 1905, der kurze Zeit später von Kaiser Franz Joseph I. sanktioniert wurde, stellte einen tragfähigen Kompromiss über die Landes- und Landeswahlordnung, den Gebrauch der Landessprachen und die Organisation der Schulverwaltung dar.

Die eigentliche Durchschlagskraft der tschechischen Nationalgesellschaft lag jedoch nicht auf der Ebene der Parlaments- oder Regierungspolitik. Mit Beginn der Verfassungsära 1860/61 setzte in den böhmischen Ländern eine wirtschaftliche und gesellschaftliche Dynamik ein, die innerhalb weniger Jahrzehnte nahezu alle Gebiete des öffentlichen Lebens veränderte. Die anfänglichen Unterschiede in der industriellen Tätigkeit der deutschen und der tschechischen Bevölkerung verschwanden bis zur Wende vom 19. zum 20. Jahrhundert fast völlig. Mit dem rasanten Wirtschaftswachstum nahm auch der Einfluss der Tschechen in den drei bis Anfang der 1880er Jahre vom deutschen

Bürgertum beherrschten Handels- und Gewerbekammern zu. Die Deutschböhmen verfolgten diese Entwicklung mit Missfallen und boykottierten daher mehrheitlich die große, auch als politische Demonstration genutzte Jubiläumsausstellung in Prag 1891, auf der die ökonomische Leistungsfähigkeit der tschechischen Groß- und Kleinindustrie eindrucksvoll zur Schau gestellt wurde.

Als wichtige Stütze des tschechischen nationalpolitischen Lebens erwiesen sich die Selbstverwaltungsorgane. Im Unterschied zum Reichsrat und zum Landtag gelang es den Tschechen während der 1860er Jahre, in zahlreichen Städten und Dorfgemeinden die Macht zu erobern. Von besonderer Symbolkraft war die Übernahme der Stadtverwaltung in Prag gleich bei den ersten Gemeindewahlen im März 1861. Knapp zwei Jahrzehnte später, im Oktober 1882, gaben die letzten fünf deutschen Mitglieder ihren Sitz in der Stadtvertretung unter Protest auf. Vor allem in den städtischen Zentren entstand ein dichtes Netz tschechischer kultureller und gesellschaftlicher Vereinigungen. Die Auflage der führenden tschechischen Tageszeitung *Národní listy* (Nationalblatt), die bis Anfang der 1880er Jahre bei etwa 4000 Exemplaren stagniert hatte, stieg bis 1895 auf 14 100 Exemplare bei der Morgen- und 8000 bei der Nachmittagsausgabe. Die Zahl der amtlich zugelassenen tschechischen Zeitungen und Zeitschriften in Böhmen, die als politische Blätter gelten dürfen, nahm innerhalb von nur drei Jahrzehnten von 10 (1863) auf 120 (1895) zu. Zu einem ersten Massenblatt entwickelte sich die populäre *Národní politika* (Nationale Politik), die Ende des 19. Jahrhunderts in mehr als 30 000 Exemplaren verkauft wurde.

Eng verknüpft mit der Entwicklung der tschechischen Nationalbewegung war die Formierung tschechischer Parteien in der zweiten Hälfte des 19. Jahrhunderts, die gegenüber dem deutschböhmischen, ganz auf Wien und das gesamtösterreichische Umfeld orientierten Parteiwesen signifikante Unterschiede aufwiesen. Obwohl das Vereinsrecht von 1867 formalrechtlich nur politische Vereine im Rahmen der jeweiligen Kronländer kannte, wurden die einzelnen Parteien und deren länderübergreifende Organisationen als Bestandteil des politischen Systems auf Landes- wie auf Reichsebene vom Kaiser, den Regierungen und der Staatsverwaltung respektiert und anerkannt. Das in den 1860er Jahren entstandene Spektrum von Nationalliberalismus, Sozialismus und politischem Katholizismus erweiterte sich später durch die Entstehung eines agrarischen und eines national-sozialen Lagers. Die regionalen Eigenheiten der tschechischen Parteiorganisationen, aber auch der jeweiligen politischen Kultur in Böhmen, Mähren und Schlesien waren gleichwohl beträchtlich. Betrachtet man die Mitgliederzahlen der Parteien und Verbände, die Wahlbeteiligung sowie die Rekrutierungsmuster für die politischen Führungsgruppen und parlamentarischen Repräsentanten, so zeigt sich, dass die tschechische Gesellschaft als ganze vor dem Ersten Weltkrieg zu den am stärksten politisierten Gesellschaften in Europa zählte.

Die Ergebnisse der Volkszählung vom 31. Dezember 1900 in Cisleithanien, in der zum ersten Mal Angaben über den Bildungsgrad der Bevölkerung in Verbindung mit der Umgangssprache festgestellt wurden, belegen das außerordentlich hohe Niveau des tschechischen Bildungswesens. Nicht zuletzt wegen des konkurrierenden Nebeneinanders deutscher und tschechischer Volks-, Haupt- und Mittelschulen sowie Gymnasien – 1890 wurde in Prag auch ein tschechisches Mädchengymnasium gegründet, das erste in Österreich – besaßen die böhmischen Länder das dichteste Schulnetz der Gesamtmonarchie und überdies die differenziertesten Schulformen. Das politischnationale Gruppendenken ebnete allerdings auch den Weg für eine schleichende intellektuelle Desintegration. Nachdem 1869 bereits die Stadt Prag und der böhmische Landtag eine Teilung des Polytechnikums in zwei unabhängige Schulen verfügt hatten, teilte 1882 die österreichische Regierung die Prager Universität in eine deutsche Universität mit deutscher und eine «böhmische» mit tschechischer Unterrichtssprache, die beide weiterhin den Namen *Carolo-Ferdinandea* führen sollten. Die Teilung der altehrwürdigen Prager Alma Mater ist kennzeichnend für den unübersehbaren, sich ständig vertiefenden Riss, der die zweisprachige Gesellschaft der böhmischen Länder spaltete.

Kulturelles Leben und nationale Bewusstseinsbildung

Das allmähliche Entstehen zweier Parallelgesellschaften prägte das kulturelle Leben vor allem in den Landesmetropolen und in anderen städtischen Zentren. Deutlich wird dies etwa an der Theaterkultur. Nach der Revolution von 1848/49 hatte sich das 1783 in Prag eröffnete, vom deutschböhmischen Adel geprägte Ständetheater, an dem bisher an Sonn- und Feiertagen Nachmittagsvorstellungen in tschechischer Sprache angeboten worden waren, faktisch wieder in eine deutschsprachige Bühne verwandelt. Schon damals erhoben sich Stimmen für die Gründung eines tschechischen Theaters als Ausdruck bürgerlicher Emanzipation sowohl von der deutschen Kultur als auch von der Adelskultur. Einer der energischsten Vorkämpfer solcher Pläne war der Dramatiker Josef Kajetán Tyl, nach dem das Theater nach dem Zweiten Weltkrieg benannt wurde. Tyl, der sich auch politisch engagierte und 1848 als Abgeordneter am Reichstag von Wien beziehungsweise Kremsier teilgenommen hatte, hielt einen tschechischen Theaterbau als nationales Integrations- und Repräsentationsobjekt, als «mächtigen Hebel» zur Schaffung einer tschechischen Nationalgesellschaft und zu deren «öffentlicher Bewährung und Anerkennung», wie er formulierte, für unverzichtbar.

Die mageren Resultate der Spendenaufrufe «an alle aufrichtigen Freunde des tschechischen Volkes» offenbarten allerdings, dass es zu jener Zeit noch keine ausreichend breite und finanzstarke tschechische Oberschicht in Prag gab. Die Mittel reichten 1862 nur für den Bau eines Interimstheaters aus. Da das Ständetheater durch den Auszug des tschechischen Ensembles zu einer rein deutschen Bühne wurde, benannte man es konsequent in «Deutsches Stadttheater» um. Die hier praktizierte Teilung einer Landesinstitution zwischen den beiden Nationalitäten fand in der Folge vielfach Nachahmung. Prag entwickelte sich in dieser Phase jedoch mit großer Dynamik von einer von Deutschen geprägten Provinzstadt der Habsburgermonarchie zu einer selbstbewussten tschechischen Metropole. Die Einwohnerzahl stieg von 157 000 (1850) auf 514 000 (1900) an, und zwar vorwiegend durch Zuzug aus tschechischsprachigen Gebieten; der Anteil der Deutschen lag an der Wende vom 19. zum 20. Jahrhundert bereits unter 10 Prozent.

Die Grundsteinlegung des Nationaltheaters (*Národní divadlo*) im Mai 1868, die mit rund 200 000 Gästen die größte Massenveranstaltung in den böhmischen Ländern während des 19. Jahrhunderts war, gestaltete sich schließlich zu einer machtvollen Demonstration nationalpolitischer und staatsrechtlicher Ansprüche. Im Vorfeld waren im ganzen Land Steine, die einen Bezug zur nationalen Geschichte und Mythologie besaßen, gebrochen und in die Hauptstadt gebracht worden. Mit dem «Tempel nationaler Kunst», so hieß es in den *Národní listy* am 16. Mai, dem Tag des zentralen Festaktes, baue man «zugleich den zerstörten tschechischen Staat» wieder auf. «Das Fundament dieses unseres Heiligtums, das bis an die tiefsten Grundfesten der Menschengemeinschaft reicht, war unter dem Schutt tödlicher Unterdrückung durch Fremde begraben, aber es hat bis zum heutigen Tag nicht den geringsten Schaden genommen.»

Im November 1883 wurde nach einer mehr als dreißigjährigen Planungs- und Baugeschichte das Nationaltheater eröffnet, das nach einem verheerenden Brand nur zwei Jahre zuvor in kürzester Zeit wiederaufgebaut worden war. Mit verbilligten Volks- und Arbeitervorstellungen bemühte sich der erste Direktor, František Adolf Šubert, die Landbevölkerung und auch das städtische Proletariat in das Theater einzubinden. Am *Národní divadlo*, aber auch an anderen Monumentalbauten der Jahrzehnte um 1900 lässt sich erkennen, welche Rolle Architektur und Bildkünste im Nationsbildungsprozess der Tschechen spielten.

Die Auseinandersetzungen im Theaterwesen zeigen nicht nur exemplarisch die Konkurrenz und Gegnerschaft der beiden Nationalbewegungen im Kulturbereich, sondern auch den Stellenwert symbolischer Politik. Gleichzeitig mit der Eröffnung des Nationaltheaters bemühten sich die Deutschen in Prag, neben dem älteren Stadttheater ein weiteres Haus zu begründen. Der 1883 neu gewählte böhmische Landtag, in dem die Tschechen zum ersten Mal die Mehrheit erobert hatten, lehnte das Vorhaben jedoch ab. Die Initiatoren des Theaterbaus gründeten daraufhin einen Verein und riefen die Deutschen aller Kronländer zu Solidaritätsspenden auf. «Das deutsche Theater in Prag bedeutet mehr als ein Kunstinstitut neben vielen anderen in deutschen Landen», hieß es in dem Aufruf: «Es ist eine Burg deutschen Geistes auf heiß umstrittenem Boden, ein Bollwerk deutscher Dichtung, Sprache und Sitte in einer gefährdeten Grenzmark. Wir fordern Euch auf, mit uns diese Burg zu erneuen und zu vertheidigen, dieses Bollwerk zu beschützen und zu befestigen. [...] Wenn unser Aufruf an die deutschen Herzen greift, wenn gemeinsam ein edles nationales Werk gelingt, dann ist ein Schutzbau geschaffen für hohe ideale Güter der Deutschen in Prag und Böhmen, zugleich aber für Gegenwart und Zukunft ein rühmliches Denkmal für die werkthätige Einheit der Deutschen in Oesterreich!» Fünf Jahre später, im Januar 1888, konnte das «Neue deutsche Theater» eröffnet werden. Sein laufender Betrieb wurde fast vollständig aus privaten Spenden deutscher Industrieller getragen.

Gleichsam zwischen allen Fronten, politisch wie kulturell, befand sich die jüdische Bevölkerung, die zum weit überwiegenden Teil im tschechisch- oder gemischtsprachigen ländlichen Raum lebte. Bereits 1848/49, als sich in Böhmen zwei konträre nationale Lager zu formieren begannen, wurde unter der jüdischen Intelligenz die Befürchtung laut, dass der eigenen Minderheit auf dem Weg ihrer Emanzipationsbestrebungen eine neutrale Stellung «zwischen Skylla und Charybdis» unmöglich sein werde. Tatsächlich wurden die Juden, die gewissermaßen zwischen vier Sprachen standen (Deutsch, Tschechisch, Jiddisch, Hebräisch), von beiden Lagern als Parteigänger des jeweiligen Gegners angefeindet. «In Prag warf man ihnen vor, daß sie keine Tschechen, in Saaz und Eger, daß sie keine Deutschen seien», urteilte der aus Pest gebürtige jüdische Journalist und Schriftsteller Theodor Herzl 1897 in einem Artikel, der treffend mit den Worten *Die Juden Prags zwischen den Nationen* überschrieben war.

Besonders in Prag, wo das jüdische Bürgertum für die Deutschen eine willkommene Verstärkung in dem sich radikalisierenden Kultur- und Nationalitätenkampf darstellte, entwickelte sich eine dichte deutschsprachige Literaturlandschaft. Als Anwalt der deutschen Sprache und Kultur gab sich beispielsweise der jüdische Intellektuelle und Politiker David Kuh aus. Das von ihm gegründete deutschliberale Blatt *Tagesbote aus Böhmen* hatte bereits in den 1850er Jahren erbitterte Kämpfe mit der tschechischen Seite ausgetragen. Der Prager Schriftsteller Paul Leppin fasste diese deutsch-jüdische Symbiose 1917 in die Worte: «Wir Deutsche schneiden in Prag auf allen Gebieten intellektueller Regsamkeit bemerkenswert günstig ab. Wir haben eine gute, feine Kunst, eine ausgezeichnete Presse, ein Theater, das sich an neuen Gedanken verjüngt, eine Literatur, die in Bezug auf Umfang und Qualität geradezu eine Rekordleistung darstellt. Es muß zugestanden werden, daß der Großteil aller dieser Dinge, daß mehr als neunzig Prozent davon auf Rechnung der Juden kommt.» «Ohne die Juden», so Leppin weiter, würde «ein geistiges Leben im deutschen Prag wahrscheinlich nur als kümmerliches Bächlein» existieren.

Auflösung der Monarchie und neuer Staatsbildungsprozess

An der Wende vom 19. zum 20. Jahrhundert verwandelte sich der Parteienstreit zunehmend in einen für die Existenz der Donaumonarchie verhängnisvollen Kampf der einzelnen Völker untereinander und gegen den Staat. Die Debatte um die Sprachen eskalierte zu einer schweren Staatskrise, als der österreichische Ministerpräsident Kasimir Graf Badeni im April 1897 zwei Verordnungen erließ, die von jedem Staatsbeamten der Kronländer Böhmen und Mähren – eine Einbeziehung Schlesiens hatte die Regierung verweigert – die Kenntnis beider Landessprachen in Wort und Schrift spätestens bis zum 1. Juli 1901 verlangte. Die Ausdehnung der Zweisprachigkeit auch auf die deutschen Bezirke und Gemeinden empfanden die Deutschböhmen und Deutschmährer als massive Benachteiligung. In den medial und durch Massendemonstrationen aufgeheizten Sprachenstreit schalteten sich überdies Politiker und nationalistische Organisationen aus dem Deutschen Reich ein. Lautstarke Auseinandersetzungen und Handgemenge im Reichsrat und im böhmischen Landtag erschwerten eine konstruktive parlamentarische Arbeit massiv. Die Sprachenverordnungen wurden zwar im Oktober 1899 aufgehoben. Der weiter schwelende Konflikt zeigte jedoch deutlich die engen Grenzen einer jeden Verständigungs- und Ausgleichspolitik.

Trotz aller Differenzen schien dem Großteil der tschechischen Politiker eine Lösung der nationalen Gegensätze in den böhmischen Ländern nur im Rahmen des österreichischen Staates denkbar. Aufschlussreich sind in diesem Zusammenhang die Bücher und Artikel des an der tschechischen Universität Prag lehrenden Philosophen Tomáš Garrigue Masaryk, etwa *Česká otázka* (Die tschechische Frage, 1895) oder *Rozhledy sociální, politické a literární* (Soziale, politische und literarische Ausblicke, 1896). Masaryk drängte seit den 1890er Jahren immer stärker in die aktive Politik. Für die von ihm 1900 gegründete Tschechische Volkspartei (*Česká strana lidová*) – sie wurde 1906 in Tschechische Fortschrittspartei (*Česká strana pokroková*) umbenannt – saß er später im Wiener Reichsrat. Die prinzipiell positive Einstellung gegenüber einem reformierten und modernisierten Kaiserstaat, die das erste, von ihm formulierte Parteiprogramm zum Ausdruck brachte, findet sich auch noch in der überarbeiteten Version von 1912. Erst die aggressiver werdende Außen- und Militärpolitik Wiens und besonders die Balkankriege von 1912/13 bewirkten einen allmählichen Umschwung in der Haltung der tschechischen Parteien und Politiker. Auch Masaryks Einstellung zu Österreich als einer Staatsidee änderte sich in dieser Phase grundlegend.

Am österreichisch-serbischen Konflikt entzündete sich 1914 schließlich der Erste Weltkrieg, der nach vier Jahren zum Auseinanderbrechen der Donaumonarchie führen sollte. Unter den Tschechen mehrten sich schon bald oppositionelle Stimmen, zumal der Krieg die politische und wirtschaftliche Verflechtung Österreich-Ungarns mit dem Deutschen Reich, die den Einfluss der Deutschen in Cisleithanien zu verstärken drohte, erheblich beschleunigte. Umgekehrt wuchsen in Wien Zweifel an der Loyalität der tschechischen Untertanen. Im Mai 1915 wurde der angesehene tschechische Politiker Karel Kramář wegen angeblichen Hochverrats verhaftet. Das im Juni 1916 gegen ihn verhängte Todesurteil wurde zwar ein Jahr später kassiert, verursachte in der tschechischen Öffentlichkeit aber gleichwohl einen tiefen Schock. Gleichzeitig mit dem *Český svaz* (Tschechischer Bund), einer Dachorganisation der meisten tschechischen Parteien, trat im November 1916 in der böhmischen Hauptstadt ein *Národní výbor* (Nationalausschuss) ins Leben, der die Inlandsaktionen koordinieren sollte. Entscheidende Impulse für eine politische Neuordnung kamen in dieser Zeit jedoch nicht aus Prag oder Brünn, sondern von der tschechischen Emigration in Westeuropa.

Die wichtigste Gruppe des politischen Exils bestand lediglich aus drei Intellektuellen: aus Masaryk, dessen Schüler und Vertrauten Edvard Beneš sowie Milan Rastislav Štefánik, der slowakischer Herkunft war, 1912 aber die französische Staatsbürgerschaft angenommen hatte. Masaryk war nach Aufenthalten in Italien, der Schweiz und Frankreich 1915 nach Großbritannien gegangen, um nach Verbündeten für eine internationale Lösung der tschechischen Frage zu suchen. In London lehrte er neben seiner politischen Arbeit als Professor am King's College. Mit seiner Antrittsvorlesung vom 19. Oktober *Problém malých národů v evropské krizi* griff er ein Thema auf, das ihn schon seit langem tief bewegte: das Problem der kleinen Völker in der europäischen Krise. Wenn der Krieg mit seinen zahllosen Opfern überhaupt einen Sinn habe, so Masaryk, dann den der Befreiung der kleinen, durch die gegenwärtige Expansion der Großmächte bedrohten Völker im östlichen Europa. Am 14. November 1915 erklärte das *Comité d'action tchèque à l'étranger*, in dem sich mehrere im alliierten Ausland tätige Organisationen in Paris zusammengeschlossen hatten, in einem Manifest die Errichtung eines unabhängigen «tschechoslowakischen Staates» als Ziel.

Noch nicht die Selbstbezeichnung des Komitees, wohl aber dessen Zielsetzung macht deutlich, dass sich die tschechisch-nationalen Territorialvorstellungen eines künftigen souveränen Staates im Verlauf des Weltkrieges veränderten. War in den Jahrzehnten vor 1914 um eine Verwirklichung des «Böhmischen Staatsrechts» gerungen worden, so ging man nun von einer Vereinigung der böhmischen Länder mit einem slowakischen Gebiet in Nordungarn aus. Es lag auf der Hand, dass für eine solche Konzeption, die das bestehende politische System Österreich-Ungarns fundamental in Frage stellte, nur bei den Krieg führenden Alliierten Unterstützung gefunden werden konnte. Bei der Ausarbeitung dieses Territorialprogramms, in dem Masaryk und seine Mitstreiter eine bestmögliche Absicherung der eigenen nationalen Existenzbedingungen sahen, waren tschechische und slowakische Exilorganisationen in den Vereinigten Staaten ebenso beteiligt wie Experten der Alliierten. Die «liberation of Czecho-Slovaks» wurde schon bald zu einer festen, von der internationalen Presse übernommenen und popularisierten Formulierung.

Die Alliierten, allen voran die Vereinigten Staaten, hielten indes noch bis Mitte 1918 am Erhalt der Habsburgermonarchie fest. Am 21. November 1916 war Kaiser Franz Joseph I., der den Vielvölkerstaat 68 Jahre lang regiert hatte, in Wien gestorben. Der Nachfolger, sein Großneffe Karl I., schien nicht nur für Friedenspläne, sondern auch für politische Reformen offen. Durch ihren unermüdlichen Einsatz in Paris, London und Washington, mit diplomatischem Geschick und auch Beharrungsvermögen gelang es dem Kreis um Masaryk, Beneš und Štefánik jedoch, die Alliierten endgültig für ihre Ziele zu gewinnen. Die aus Tschechen und Slowaken gebildete, seit Jahren bereits auf Seiten der Ententestaaten gegen die Mittelmächte kämpfende Auslandsarmee (Legion) verbesserte die eigene Verhandlungsposition dabei nicht unerheblich. Im Juni 1918 sagten zunächst die Briten und Franzosen zu, der Errichtung eines eigenen Staates von Tschechen und Slowaken zuzustimmen. Gleichzeitig erkannten sie den aus dem Aktionskomitee hervorgegangenen «Tschechoslowakischen Nationalrat» (*Československá národní rada*) als provisorische Regierung an und räumten ihm das Recht zur Teilnahme an den alliierten Konferenzen ein. Anfang September schließlich kam die Zustimmung des amerikanischen Präsidenten, einige Wochen später willigte Italien ein.

Auf eine uneingeschränkte staatliche Selbständigkeit liefen

längst auch die Maßnahmen der tschechischen Politiker im Land hinaus. Der im Juli 1918 reorganisierte, von Kramář geführte Nationalausschuss, der sein Verständnis als tschechoslowakisches Organ nun auch im Namen zum Ausdruck brachte, setzte sich aus 30 Mitgliedern der seit 1911 im Wiener Reichsrat vertretenen tschechischen Parteien zusammen. Eine Delegation dieses Ausschusses kam Ende Oktober 1918 in Genf mit Vertretern der Auslandsbewegung zusammen, um die weiteren Schritte abzustimmen. Angesichts des rapiden Machtzerfalls in Wien sahen sich die in der böhmischen Hauptstadt verbliebenen Parteiführer zum Handeln gezwungen. Am 28. Oktober übernahm der Nationalausschuss in Prag die Macht, ohne bei der Militärverwaltung und beim Statthalter auf Widerstand zu stoßen. Am Abend beschloss der Ausschuss das Gründungsgesetz eines souveränen tschechoslowakischen Staates, dessen Eintritt «in die Reihe der selbständigen, freien Kulturstaaten der Welt» in einem Manifest feierlich proklamiert wurde. Während in Genf noch verhandelt wurde, waren in Prag bereits vollendete Tatsachen geschaffen worden.

VII. Die Tschechoslowakische Republik (1918–1992)

Staatsaufbau und innenpolitische Konsolidierung

Am 14. November 1918 trat in Prag eine auf den älteren Nationalausschuss zurückgehende, um slowakische Delegierte erweiterte «Revolutionäre Nationalversammlung» zusammen, die den neuen tschechoslowakischen Staat als Republik proklamierte. Tomáš Garrigue Masaryk, der erst am 21. Dezember aus den Vereinigten Staaten zurückkommen sollte, wurde zum ersten Präsidenten gewählt. Zustimmung fand auch die Einsetzung einer Regierung unter Ministerpräsident Karel Kramář mit 16 Ressortministern. Die Hochstimmung der Umbruchszeit lässt jedoch leicht die massiven Schwierigkeiten übersehen, mit denen sich die junge Republik in der Phase ihrer Staatsbildung konfrontiert sah. Welche neuen staatlichen Gebilde sich auf dem Territorium der zerfallenen Donaumonarchie dauerhaft konstituieren würden, war an der Jahreswende 1918/19 noch keineswegs sicher. Als absolut vorrangig sah es die neu gebildete politische Spitze der Tschechoslowakei an, ihren Gebietsansprüchen Geltung zu verschaffen und eine gegenläufige Eigendynamik zu unterbinden. Dies galt nicht nur mit Blick auf die deutsch besiedelten Regionen innerhalb der böhmischen Länder, sondern auch mit Blick auf die Slowakei, wo eine massive Konfrontation mit einem anderen Nachfolgestaat der Habsburgermonarchie, mit Ungarn, unausweichlich schien.

Bereits am 29. Oktober 1918, einen Tag nach Ausrufung des Tschechoslowakischen Staates in Prag, proklamierten deutsche Abgeordnete aus den böhmischen Ländern in Wien «Deutschböhmen» als Teil eines künftigen deutschösterreichischen Staates mit einer eigenen Landesregierung; als weitere, bisher nicht existierende Länder konstituierten sich wenig später «Sudetenland», «Böhmerwaldgau» und «Deutschsüdmähren». Die Regierung in Prag wertete den Anspruch auf die Gebietshoheit über die mehrheitlich deutsch besiedelten Regionen, die auf eine Loslösung vom tschechischsprachigen Teil der böhmischen Länder und eine Angliederung des mit Österreich verbundenen Gebiets an das Deutsche Reich abzielte, als Hochverrat und befahl die militärische Besetzung der Grenzgebiete. Die Stimmung in der dortigen Bevölkerung schwankte jedoch stärker, als man es in Wien erwartet hatte. «Kenner der Verhältnisse versichern, daß bei den Deutschen nicht die geringste Lust zu ernstem Widerstand besteht. Namentlich vor einem Bürgerkrieg schrecke man zurück», berichtete der deutsche Generalkonsul in Prag, Fritz von Gebsattel, am 30. November. Bei der bis Ende Dezember abgeschlossenen Operation kam es lediglich in Brüx zu heftigeren Zusammenstößen zwischen tschechischen Truppen und der örtlichen Bürgerwehr.

Im Frühjahr 1919 schlug die Stimmung jedoch merklich um. Als in Wien am 4. März die neu gewählte Nationalversammlung zusammentrat, bekundeten zahlreiche Deutsche in den nordböhmischen Grenzgebieten ihre Verbundenheit mit Deutschösterreich. An vielen öffentlichen Gebäuden wurde die deutsche Nationalflagge gehisst, bei Demonstrationen erklang «Die Wacht am Rhein». Bei zum Teil heftigen Zusammenstößen mit Polizei und Militär fanden mehr als fünfzig Deutsche den Tod. In Prag hatte man offenbar befürchtet, dass ein Generalstreik nur den ersten Schritt zu einem bewaffneten Aufstand bilden könnte. Von den Deutschen in Böhmen wurde der 4. März 1919 schon bald zu einem identitätsstiftenden Trauertag überhöht, an dem man der «sudetendeutschen März-Gefallenen» gedachte.

Gänzlich andere, wenn auch nicht weniger gravierende Herausforderungen stellten sich der Prager Zentralgewalt in der Slowakei. Die von Masaryk Anfang November 1918 angeordnete militärische Besetzung des Gebiets bewertete die Regierung in Budapest als durch nichts zu rechtfertigenden Überfall, der sich gegen die staatliche Souveränität und Einheit Ungarns richte. Schon Mitte November hatten ungarische Einheiten weite Teile des Gebiets wieder unter ihre Kontrolle gebracht. Für die tschechoslowakischen Militärverbände gestaltete sich die Lage zunehmend schwierig, zumal sie nicht immer als Befreier von magyarischer Unterdrückung wahrgenommen wurden. Erst langsam gewannen sie die Oberhand. Strategisch bedeutsam war die Besetzung der im Osten an die Slowakei angrenzenden Karpatenukraine, die politisch bisher ebenfalls zu Ungarn gehört hatte. Es dauerte mehr als acht Monate, bis der Kampf um das beanspruchte östliche Staatsgebiet am Ende zugunsten der Prager Regierung entschieden war, die auch in diesem Fall von ihren langjährigen diplomatischen Kontakten zu den Alliierten profitieren konnte.

Die rechtliche Absicherung der territorialen Nachkriegsordnung in Ostmitteleuropa war der Friedenskonferenz vorbehalten, die am 18. Januar 1919 in Paris eröffnet wurde. Bestens vertraut mit der Logik der alliierten Politik, warb Edvard Beneš, der als Außenminister neben dem Prager Regierungschef Kramář an den Verhandlungen beteiligt war, für die eigenen Positionen und suchte die Gegenargumente der österreichischen, ungarischen und deutschen Delegationen zu entkräften. Unterstützung fand er vor allem bei Frankreich, das in den Tschechen und Slowaken künftige Verbündete gegen ein erstarkendes Deutschland sah. Im Mai bestätigte die Botschafterkonferenz die historischen Grenzen der böhmischen Länder mit Ausnahme des Abschnitts in Teschen und mit kleinen Erweiterungen im Bereich von Hultschin, Gmünd und Feldsberg; kurze Zeit später erfolgte auch eine Einigung über den Verlauf der Grenze zu Ungarn. Die Friedensverträge von Saint-Germain-en-Laye und Trianon von 1919/20, die die staatsrechtliche Auflösung der Donaumonarchie regelten, sicherten der *Československá republika* (ČSR) ein Areal von rund 140 000 km² zu, dessen Ost-West-Ausdehnung von Jasiňa an der rumänischen Grenze bis Asch im Westen mehr als 950 Kilometer Luftlinie betrug.

Da die österreichischen Rechtsnormen in der westlichen, die ungarischen in der östlichen Staatshälfte so lang in Geltung blieben, bis sie durch neues tschechoslowakisches Recht ersetzt wurden, kam es während der Umbruchszeit unmittelbar nach Kriegsende zu keinen größeren Erschütterungen. Gesetzlich wurden zunächst nur solche Reformen in Angriff genommen, die vom demokratisch-republikanischen Standpunkt aus als vorrangig gelten mussten: die Abschaffung des Adels und die Enteignung des Großgrundbesitzes, die Ausdehnung des allgemeinen, direkten und gleichen Wahlrechts auch auf die Gemeindewahlen, die Einführung des Frauenwahlrechts sowie mehrere Gesetze zur Trennung von Staat und Kirche. Der Loslösung von den Wiener Zentralstellen, die Teil eines von Masaryk als «Entösterreicherung» (*odrakouštění*) bezeichneten Prozesses war, dienten verschiedene Bestimmungen über die obersten Verwaltungsbehörden, den Obersten Verwaltungsgerichtshof und das Oberste Gericht. Wegen der unterschiedlichen Rechtszonen wurde 1919 ein eigenes «Ministerium für die Vereinheitlichung der Gesetzgebung und Verwaltungsorganisation» (*Ministerstvo pro sjednocení zákonodárství a organisace správy*) eingerichtet, das unter anderem die korrekte Übersetzung der deutschen und magyarischen Gesetze ins Tschechische und Slowakische zur Aufgabe hatte.

Das in der Verfassungsurkunde vom 29. Februar 1920 konstituierte parlamentarische Regierungssystem folgte dem Vorbild der französischen Dritten Republik. Dies gilt auch für den unitarischen und zentralistischen Staatsaufbau, in dem man das geeignetste Mittel sah, die erheblichen Strukturunterschiede zwischen den beiden Teilgebieten zu überwinden und eine neue, tschechoslowakische Staatsidee zu stiften. Die Verfassung ging von einem einheitlichen Staatsvolk, der tschechoslowakischen Nation, und darüber hinaus von der Existenz einer «tschechoslowakischen Sprache» aus, die es in der Realität freilich nicht gab. In dem gleichzeitig mit der Verfassungsurkunde beschlossenen Sprachengesetz wurde daher geregelt, dass die «staatliche, offizielle» Sprache der Republik – der Begriff «Staatssprache» wurde vermieden, setzte sich in der Praxis aber bald durch – in einer tschechischen und einer slowakischen Variante existiere. Nicht nur beim Militär, wo eine einheitliche Befehlssprache geboten schien, sondern auch in anderen Bereichen, im Alltag und beim Umgang mit den nationalen Minderheiten warfen diese Bestimmungen vielfältige Probleme auf.

Die Konzeption einer tschechoslowakischen Sprachnation, der Zentralismus und die im Herbst 1918 eingeleitete politische Entwicklung im gemeinsamen Staat stießen bei vielen Slowaken auf zum Teil heftige Kritik und dienten als Begründung für eine anhaltende Oppositionshaltung in der Ersten Republik. Die meisten Umbenennungen von tschechischen Institutionen, Ämtern und Parteien in gesamtstaatliche blieben ohne wirkliche Konsequenzen, die Zentralregierung in Prag verwendete nur das Tschechische. Die politische Sphäre wies insofern Parallelen zur Ausarbeitung neuer, tschechoslowakischer Geschichtsdarstellungen auf, bei denen die Slowakei in aller Regel nur ein Anhängsel zur «eigentlichen», zur tschechischen Entwicklung bildete. Die politische Opposition in der Slowakei formierte sich unter der Führung des katholischen Geistlichen Andrej Hlinka in der 1918 gegründeten «Slowakischen Volkspartei» (*Slovenská ľudová strana*), die das frühere Autonomiestreben innerhalb Ungarns auf den neuen Staat übertrug. Man wollte nicht bloß Zweig eines tschechoslowakischen Staatsvolkes, sondern eine eigenständige Nation sein. Die Autonomisten schrieben den Namen des Staates daher konsequent mit Bindestrich (*Česko-Slovensko*).

Es entsprach nicht nur der offiziellen Staatsideologie, sondern auch politischem Kalkül, dass bei den beiden Volkszählungen während der Zwischenkriegszeit Tschechen und Slowaken nicht gesondert, sondern nur gemeinsam in der Rubrik «tschechoslowakische Nationalität» erfasst wurden. Mit rund 8,76 Millionen Menschen – das entsprach 1921 bei der ersten Volkszählung 64,35 Prozent der Gesamtbevölkerung – war die staatstragende Nation damit die größte Bevölkerungsgruppe. Wären Tschechen und Slowaken getrennt gezählt worden, dann hätten die 3,12 Millionen Bürger deutscher Nationalität (22,94 Prozent) noch vor den Slowaken gestanden. Nun aber führten sie vor den Magyaren, «Russen» (Ukrainern), Juden und Polen die Gruppe der Minderheiten an.

Das tschechoslowakische Sprachenrecht brachte sichtbar zum Ausdruck, dass sich der multiethnische Staat als Nationalstaat verstand. Der Integration sprachlicher Minderheiten waren in der nationalstaatlichen Ordnung ganz Ostmitteleuropas, nicht nur der ČSR, enge Grenzen gesetzt. Sieht man vom Sonderfall der Staatsangestellten ab, war die Kenntnis des Tschechischen oder Slowakischen aber keine unabdingbare Voraussetzung der schulischen Ausbildung und des beruflichen Fortkommens. Mehr als 90 Prozent der deutschsprachigen Staatsbürger konnten im Verkehr mit Behörden und Gerichten ihre Muttersprache gebrauchen. Der Tendenz zu einem modernen demokratischen Staat, der die Freiheitsrechte seiner Bürger garantiert, standen allerdings Strömungen entgegen, die die Integration der Minderheiten und namentlich der zahlenmäßig starken, ökonomisch wie kulturell hoch entwickelten deutschsprachigen Bevölkerungsgruppe in den Staat zumindest wesentlich zu erschweren drohten.

Trotz der genannten Strukturprobleme wies die Erste Tschechoslowakische Republik, gerade auch im Vergleich zu den anderen nach 1918 in Ostmitteleuropa begründeten Staaten, bis zur Mitte der 1930er Jahre ein hohes Maß an demokratischer

Stabilität auf. Dies ist an erster Stelle darauf zurückzuführen, dass die in den Jahren bis zum Ausbruch des Ersten Weltkrieges in den böhmischen Ländern entstandene Parteienlandschaft, die fest etablierten soziopolitischen Milieus und Organisationsstrukturen, die Ausbildung einer tschechischen parlamentarischen Führungsschicht und nicht zuletzt die Erfahrungen mit politischen Entscheidungsfindungen im Wiener Reichsrat lange fortwirkten und die politische Kultur der ČSR ganz wesentlich beeinflussten. Diejenigen slowakischen Politiker, die sich mit den staatstragenden Kräften identifizierten, fanden sich in den ehemals tschechischen Parteien wieder, deren Bezeichnung nach der Staatsgründung meist den Zusatz «tschechoslowakisch» erhalten hatte. Eigene Parteien besaßen zudem alle nationalen Minderheiten. Als einzige Partei, die sich übernational organisierte, trat seit ihrer Gründung 1921 die «Kommunistische Partei der Tschechoslowakei» (*Komunistická strana Československa*) auf; sie erhielt an den Wahlurnen zwar zum Teil erheblichen Zuspruch, war aber nie an der Regierungsarbeit beteiligt.

Ein weiterer Grund für die rasche Konsolidierung der Ersten Republik ist, dass trotz der nationalen Segmentierung der Parteienlandschaft in aller Regel die parteipolitischen Gemeinsamkeiten stärker waren als die divergierenden Kräfte. Größer als auf gesamtstaatlicher Ebene waren die Gegensätze stets innerhalb ein- und desselben nationalen Lagers. Auch bei den Deutschen gab es bis Mitte der 1930er Jahre keine längeren Phasen eines national motivierten einheitlichen politischen Verhaltens. Edvard Beneš formulierte dies vor den Parlamentswahlen von 1925 mit den Worten, die Deutschen würden wie jede andere Opposition «um die Teilnahme an der Regierung, an der Macht, um den Einfluss an der Staatsverwaltung» kämpfen, nicht aber darum, «wofür Minderheiten in der Mehrzahl der Staaten kämpfen» müssten, nämlich «um die nationale und kulturelle Existenz».

Die deutschen Parteien waren zwar wie alle Parteien der nationalen Minderheiten und auch die auf eine slowakische Autonomie hinarbeitende «Slowakische Volkspartei» zunächst von der Regierungsarbeit ausgeschlossen. Die Bereitschaft zu einer aktiven Mitarbeit im neuen Staat war jedoch früh erkennbar. Schon im Mai 1919 hatte der «Bund der Landwirte» den Beschluss gefasst, sich mit der «Bauernschaft der anderen Nation» in Verbindung zu setzen; zwei Jahre später fand eine gemeinsame Beratung der deutschen und der tschechoslowakischen Agrarierfraktion im Parlament statt, bei der man die «Notwendigkeit einer einheitlichen Front gegen den Sozialismus und Kommunismus» feststellte. Das erste tschechoslowakische Kabinett, dem zwei deutsche Minister angehörten, wurde am 12. Oktober 1926 ernannt. Knapp die Hälfte der deutschen Abgeordneten, 30 von 62, gehörte damit einer gemischtnationalen Regierungskoalition an, bei der parteipolitische, ökonomische und soziale Sachfragen, nicht aber nationale Belange im Vordergrund standen.

Die nationalstaatliche Ordnung Ostmitteleuropas, die sich nach 1918 herausgebildet hatte und in umfassenden Vertragswerken zementiert worden war, schuf zwar eine Fülle neuer Probleme und Konflikte, erwies sich aber bis in die 1930er Jahre als erstaunlich stabil. Im Juli 1920 noch war der Prager Geographieprofessor Viktor Dvorský in einem dem Ministerium für nationale Verteidigung vorgelegten Gutachten über militärische Bedrohungsszenarien zu dem ernüchternden Befund gelangt, dass mit Ausnahme Rumäniens kein Nachbar ein Interesse an der fortdauernden Existenz der Tschechoslowakei habe. Dass der jungen Republik wirklich bedrohliche außenpolitische Verwicklungen gleichwohl erspart blieben, war in erster Linie dem Geschick von Beneš zu verdanken, der die Außenpolitik beinahe zwei Jahrzehnte maßgeblich prägte und ihr ein hohes Maß an Kontinuität verlieh. Durch das Bündnis mit Frankreich und die 1920/21 mit Jugoslawien und Rumänien begründete «Kleine Entente», die sich vor allem gegen die Revisionsansprüche Ungarns richtete, gewann die ČSR ein erhebliches Maß an Sicherheit.

Von der Weltwirtschaftskrise bis zum Ende des Zweiten Weltkrieges

Die starke wirtschaftliche Position in der hochindustrialisierten und agrarisch fortschrittlichen westlichen Staatshälfte trug ein Jahrzehnt lang zur inneren Festigung der Republik bei. Im März 1919 wurden sämtliche umlaufenden Banknoten der Österreichisch-Ungarischen Bank abgestempelt und allmählich gegen neue Staatsnoten umgetauscht; 1922 folgten erste eigene Münzen. Mit der Einführung einer neuen Währungseinheit wurde gleichzeitig die umlaufende Geldmenge erheblich reduziert. Die erfolgreiche Währungsreform schuf günstige Voraussetzungen für die Wiederbelebung der Binnen- und der Außenwirtschaft. Eine tiefe Zäsur für die ökonomische, soziostrukturelle und auch politische Entwicklung der Zwischenkriegszeit stellte die Weltwirtschaftskrise dar. Die Folgen des Zusammenbruchs der New Yorker Börse am 4. Oktober 1929 erreichten die ČSR erst relativ spät. Hatte die Ausfuhr 1928 noch ein Volumen von 21,2 Milliarden Tschechoslowakischen Kronen erreicht, so fiel sie 1933 auf einen Tiefpunkt von 5,8 Milliarden. Die Krise machte zugleich deutlich, wie eng ökonomische und soziale Probleme mit der Minderheitenfrage verknüpft waren.

Die Regierung konnte eher die Großindustrie als die stark exportorientierte Verbrauchsgüterindustrie unterstützen, die sich in den Bezirken mit überwiegend deutschsprachiger Bevölkerung im Norden und Westen der Tschechoslowakei konzentrierte. Die Folge war, dass die Deutschen in Böhmen und Mähren-Schlesien (seit 1928 administrativ vereinigt) von der Arbeitslosigkeit überproportional betroffen waren. Der von deutschen Politikern, Unternehmern und der Presse erhobene Vorwurf, Prag benachteilige die Minderheit, verstärkte in den Köpfen vieler Menschen die Überzeugung, sozial und national unterdrückt zu werden. Von der politischen Radikalisierung in jenen Jahren zeugen zahlreiche Reden, Kampfschriften und Artikel. Schon 1932 sah der aus Iglau gebürtige, im tschechoslowakischen Zweig der «Deutschen Nationalsozialistischen Arbeiterpartei» aktive Politiker Hans Krebs eine Territorialautonomie als das einzige Mittel an, «den Zersetzungsprozeß des sudetendeutschen Gebietes durch die Tschechisierung» aufzuhalten.

Seit den frühen 1920er Jahren vollzog sich bei den Deutschen der Tschechoslowakei, die sich mit dem Begriff der «nationalen Minderheit» nicht identifizieren konnten, ein Wandel des Gruppenbewusstseins von den Deutschböhmen und Deutschmährern zu den «Sudetendeutschen». Die neue Selbstbezeichnung setzte sich vor allem im Milieu der Volkstumsorganisationen durch, vorerst jedoch nicht bei den politischen Parteien. Den endgültigen Durchbruch gegenüber konkurrierenden Benennungen erlebte der Sammelbegriff erst in den 1930er Jahren. Am 1. Oktober 1933 rief der Turnlehrer Konrad Henlein, der politischen Parteien ablehnend gegenüberstand und eine übergreifende Einheitsbewegung anstrebte, in Eger zur «Sammlung des gesamten Sudetendeutschtums» und zur «Überwindung des Partei- und Klassenkampfes» auf. Bei den Tschechen und ihren Parteien fand die von Henlein ins Leben gerufene «Sudetendeutsche Heimatfront», die sich ausdrücklich zur «deutschen Kultur- und Schicksalsgemeinschaft» bekannte, zunächst kaum Beachtung.

Dies änderte sich jedoch schlagartig, als die Henlein-Bewegung, die sich auf Druck der Regierung zu einer politischen Partei organisiert hatte, bei den Parlamentswahlen im Mai 1935 einen überwältigenden Wahlsieg errang. Mit rund 1,25 Millionen Stimmen konnte die «Sudetendeutsche Partei», die zur stimmenstärksten Partei im Staat überhaupt wurde, nahezu zwei Drittel der deutschen Wählerschaft hinter sich vereinen. Henlein, der noch in seinen Wahlaufrufen Distanz zum Nationalsozialismus bekundet hatte, entwickelte sich in den kommenden zwei Jahren immer stärker zu einem willfährigen Werkzeug der Politik Hitlers. In einem «Bericht für den Führer und Reichskanzler über aktuelle Fragen der deutschen Politik in der Tschechoslowakischen Republik» vom 19. November 1937 beteuerte er, dass seine Partei nichts stärker ersehne als die «Einverleibung des sudetendeutschen Gebietes, ja des ganzen böhmisch-mährisch-schlesischen Raumes in das Reich».

Die Erfolge der Sudetendeutschen stärkten zugleich die Position der «Slowakischen Volkspartei Hlinkas», die ihre bisherige

Forderung nach nationaler Autonomie im Rahmen der ČSR aufgab und Zug um Zug auf die Verwirklichung der vollen Souveränität in einem selbständigen slowakischen Nationalstaat hinarbeitete. Als Masaryk am 24. Mai 1934 zum zweiten Mal als Staatsoberhaupt wiedergewählt wurde, blieb man der Wahl ostentativ fern. Eine gewisse Entspannung zeichnete sich ab, als Milan Hodža am 5. November 1935 – als erster Slowake – das Amt des Premiers übernahm. Er agierte in den sensiblen Nationalitäten- und Minderheitenfragen deutlich flexibler als viele seiner tschechischen Vorgänger und Ministerkollegen. Der Parteitag der «Volkspartei» im Juni 1938 in Pressburg machte jedoch auch einer breiteren Öffentlichkeit deutlich, dass die Autonomisten einen Ausgleich mit der Regierung ablehnten und bewusst auf eine Staatskrise hinarbeiteten. Das Präsidium hatte einstimmig einen Gesetzesentwurf gebilligt, der die Konstituierung eines autonomen slowakischen Gebiets mit slowakischer Amtssprache, einen Landtag als gesetzgebende Körperschaft und eine in nationale Gliederungen aufgebaute Armee forderte.

Die Machtübernahme der Nationalsozialisten im Deutschen Reich veränderte nicht nur die Beziehungen zwischen Tschechen und Deutschen innerhalb der ČSR und im zwischenstaatlichen Bereich, sondern auch das Gefüge der Mächte in ganz Ostmitteleuropa von Grund auf. Außenminister Beneš, seit Dezember 1935 Nachfolger von Masaryk im Amt des Staatspräsidenten, glaubte den Staat fest in ein europäisches Allianzsystem eingebunden zu haben. Das im Mai 1935 zwischen Prag und Moskau abgeschlossene Bündnis gab ihm darüber hinaus die Zuversicht, mit starken Partnern notfalls sogar einem Verteidigungskrieg gewachsen zu sein. Auch die tschechoslowakische Armeeführung reagierte auf die Macht- und Revisionspolitik Hitlers. Die Masse der seit Mitte der 1930er Jahre mit großem Aufwand errichteten Befestigungsanlagen befand sich in der westlichen Staatshälfte entlang der Grenze zu Deutschland.

Alle außen- und militärpolitischen Strategien Prags erwiesen sich jedoch angesichts des aggressiven Vorgehens Hitlers nach dem «Anschluss» Österreichs an das Deutsche Reich vom 12./13. März 1938 als unzureichend. Der «Führer» nutzte die an die Regierung der ČSR gerichteten Forderungen der Sudetendeutschen, die wie andere Deutsche vom Einheits- und Vereinigungsfieber erfasst wurden, als Sprengsatz seiner expansiven Politik. Die Wehrmacht ließ er am 30. Mai wissen, dass sein Entschluss, «die Tschechoslowakei in absehbarer Zeit durch eine militärische Aktion zu zerschlagen», unverrückbar feststehe. Über Monate beschäftigte die «Sudetenkrise», in der Prag immer stärker unter Druck gesetzt wurde, die europäische Diplomatie. Das Ergebnis war die Münchener Konferenz vom 29. September 1938. In der Hoffnung, durch Zugeständnisse einen großen europäischen Krieg zu vermeiden und die Krise zu begrenzen, fügten sich Großbritannien und Frankreich unter Vermittlung des italienischen Diktators Mussolini den Postulaten Hitlers und stimmten einer Angliederung der Gebiete, die eine Mehrheit deutschsprachiger Bevölkerung aufwiesen, an das Deutsche Reich zu.

Dem ohne direkte Beteiligung der Prager Regierung zustande gekommenen Vier-Mächte-Abkommen, das von den Tschechen als «Diktat von München» und «Verrat der Westmächte» aufgenommen wurde, schlossen sich Ultimaten Warschaus und Budapests an, die zusätzliche Gebietsabtretungen an Polen und Ungarn zur Folge hatten. Die ČSR verlor mit 4,88 Millionen Menschen rund ein Drittel der Gesamtbevölkerung, das Staatsterritorium verkleinerte sich um 41 098 auf 99 395 km^2. Zahlreiche Menschen – Tschechen, Juden, aber auch Deutsche, die sich der nationalsozialistischen Ideologie verweigerten – flohen aus den abzutretenden Gebieten in das Landesinnere. Dort überschlugen sich während der folgenden Monate die Ereignisse. Am 5. Oktober 1938 trat Staatspräsident Beneš zurück. Er wolle den Weg freigeben, so seine Begründung, «damit sich unser Staat und unsere Nation ruhig und ungestört entwickeln können».

Eine solche Perspektive erwies sich allerdings rasch als Illusion. Bereits am 21. Oktober 1938 befahl Hitler dem Oberkommando der Wehrmacht, die militärische «Erledigung der Rest-Tschechei» vorzubereiten. Bei der endgültigen Liquidierung der ČSR diente ihm nicht zuletzt die slowakische Frage als Vorwand, die nach dem Münchener Abkommen rasch eine neue Eigendynamik entwickelte. Der Großteil der slowakischen Politiker betrachtete die Föderalisierung der Republik, der die geschwächte Zentralregierung in Prag zustimmen musste, um zumindest den Verbleib der Slowakei im Staatsverband zu sichern, ohnehin nur als Übergangslösung. Die deutsche Reichsregierung nutzte die Spannungen, um eine Staatskrise auszulösen, und griff unmittelbar in die inneren Angelegenheiten der Zweiten Republik ein. Unter Androhung einer militärischen Intervention nötigte Hitler den Landtag in Pressburg, am 14. März 1939 die Unabhängigkeit des slowakischen Staates auszurufen. Der am selben Tag nach Berlin geeilte Staatspräsident Emil Hácha, der noch nicht einmal vier Monate im Amt war, sah sich gezwungen, der Besetzung seines Landes durch deutsche Truppen zuzustimmen. Am 16. März, als Hitler vom Hradschin aus die Errichtung eines «Reichsprotektorats Böhmen und Mähren» proklamierte, wehte bereits die Führerstandarte über der Prager Burg.

Die territoriale Zerstückelung der Tschechoslowakei 1938/39 traf deren ehemalige Staatsbürger auf gänzlich unterschiedliche Weise. Der Großteil der nach dem Münchener Abkommen von der ČSR abgespaltenen deutschsprachigen Gebiete bildete fortan den «Reichsgau Sudetenland», in dem Konrad Henlein als Gauleiter und Reichsstatthalter eine starke Machtposition erhielt. Auf regionale Eigenheiten und Traditionen wurde im Rahmen der sofort in Angriff genommenen Gleichschaltungspolitik allerdings kaum Rücksicht genommen. Vor allem die sozial- und wirtschaftspolitische Entwicklung trug schon bald zur Desillusionierung der Bevölkerung bei. Diese bestand zu 13 Prozent, das entsprach rund 400 000 Personen, aus Tschechen, die keinerlei Minderheitenrechte genossen. Dass die programmatisch festgelegte Germanisierung des Sudetengaus in den kommenden Jahren nur wenig konsequent betrieben wurde, war einzig den Erfordernissen der Kriegswirtschaft geschuldet – man benötigte die Tschechen dringend als Arbeitskräfte.

Die Regierung der Slowakei verzichtete mit der formellen Unterzeichnung des «Vertrags über das Schutzverhältnis zwischen dem Deutschen Reich und dem Slowakischen Staat» am 23. März 1939 auf die selbständige Ausübung ihrer Souveränitätsrechte zugunsten Berlins. Die Verfassung, die sich der von Hitler geschaffene Vasallenstaat einige Monate später gab, trug stark autoritäre Züge. Staatspräsident Josef Tiso, zugleich Vorsitzender und «Führer» der am 8. November 1938 noch in der Tschecho-Slowakei gegründeten slowakischen Einheitspartei (*Hlinkova slovenská ľudová strana – Strana slovenskej národnej jednoty*) baute den Staat nach faschistisch-nationalsozialistischem Vorbild um und errichtete seit 1943 faktisch eine Präsidialdiktatur.

Das militärisch besetzte, halbstaatliche «Protektorat Böhmen und Mähren» war eine Gebietskörperschaft innerhalb des Großdeutschen Reiches ohne eigene Souveränität, auch wenn es formal einen autonomen Status besaß. Die Befugnisse des nominell weiter amtierenden Staatspräsidenten Hácha und der Protektoratsregierung fanden ihre Grenzen in der Macht des Hitler direkt unterstellten «Reichsprotektors», der alle Gesetze, Verordnungen und Erlasse der Prager Regierung zu genehmigen hatte. In den einzelnen Ministerien, vor allem in leitenden Funktionen, wuchs der Einfluss deutscher Beamter stetig an. Abgesehen von Prag und Pilsen, saßen Ende 1940 in allen Städten mit mehr als 25 000 Einwohnern deutsche Regierungskommissare. Die tschechische Gendarmerie unterstand der Weisungsbefugnis der deutschen Polizei.

Das vorrangige Ziel der deutschen Besatzungspolitik lag in der Ausbeutung der tschechischen wirtschaftlichen Ressourcen für den Krieg, der mit dem Angriff auf Polen am 1. September 1939 seinen Anfang genommen hatte. Weitergehende Pläne einer Umsiedlung oder rassenideologische Überlegungen, wie sie der neue stellvertretende Reichsprotektor Reinhard Heydrich bei seiner Antrittsrede in Prag am 2. Oktober 1941 vor den Spitzen der deutschen Protektoratsverwaltung vortrug, stellte man vorerst zurück. Die Unterdrückungs- und Terrorpolitik gegen die tschechische Bevölkerung wurde aber drastisch verstärkt, als tschechische Fallschirmjäger am 27. Mai 1942 im Auftrag der Londoner Exilregierung und mit Unterstützung einheimischer Widerstandsorganisationen ein Attentat auf Heydrich unternahmen, dem dieser wenige Tage später erlag. Die Ermordung und Verschleppung der Einwohner zweier tschechischer Dörfer, Lidice und Ležáky, wurden zum Symbol der nationalsozialistischen Willkürherrschaft.

Gemeinsam war der Entwicklung im Sudetengau, im Protektorat und – mit Einschränkungen – in der Slowakei die schonungslose Diskriminierung, Verfolgung und Ermordung von politischen Gegnern, Juden und Roma. Bei der Entfesselung des Terrors namentlich gegen die jüdische Bevölkerung gab es zwar gewisse lokale Besonderheiten, die Grundrichtung aber entsprach der in anderen Regionen unter deutscher Herrschaft. Die seit Juni 1940 als «Ausweichgefängnis» der überfüllten Prager Haftanstalten genutzte Festung Theresienstadt diente ab November 1941 als Internierungslager für Juden zunächst aus dem Protektorat. Das von der nationalsozialistischen Propaganda zum «Altersghetto» verklärte Konzentrationslager, das ausländischen Diplomaten als angebliche «jüdische Mustersiedlung» vorgeführt wurde, durchliefen rund 141 000 Männer, Frauen und Kinder, unter ihnen mehr als 75 000 aus Böhmen und Mähren. Etwa 33 500 Menschen starben in Theresienstadt, 88 000 wurden in die Vernichtungslager im östlichen Europa deportiert.

Während des Krieges hatte das politische Exil kontinuierlich an Bedeutung gewonnen. Beneš, der zwei Wochen nach seinem Rücktritt als Staatspräsident nach Großbritannien emigriert war, wurde als eigentlicher Repräsentant des tschechoslowakischen Staates anerkannt. Von London aus setzte er sich unermüdlich für eine Wiederherstellung der ČSR in den Grenzen vor dem Münchener Abkommen ein. Die im Juli 1940 von ihm ernannte Exilregierung näherte sich politisch der Sowjetunion an, nicht zuletzt aus Enttäuschung über die Appeasement-Politik der westlichen Bündnispartner während der «Sudetenkrise». Der am 12. Dezember 1943 mit Stalin geschlossene «Vertrag über Freundschaft, gegenseitige Unterstützung und die Zusammenarbeit nach dem Kriege» sowie weitere Vereinbarungen mit tschechischen und slowakischen Kommunisten im Moskauer Exil stellten bereits die Weichen für die Nachkriegsordnung in der Tschechoslowakei.

Anders als in der Slowakei, wo Ende August 1944 ein massiver, große Teile des Landes erfassender Aufstand gegen das Tiso-Regime und die deutsche «Schutzmacht» losbrach, kam es im Protektorat kaum zu größeren Widerstands- und Militäraktionen. Erst als sowjetische Truppen bereits in Mähren kämpften und die amerikanische Armee Westböhmen besetzt hatte, verdichtete sich der Widerstand auch in Prag am 5. Mai 1945 zum Aufstand. Der Zusammenbruch der deutschen Besatzungsherrschaft im Protektorat fiel faktisch mit der Kapitulation des Deutschen Reiches zusammen. Am 9. Mai marschierte die Rote Armee in Prag ein, wenig später übernahm die bereits einen Monat zuvor in der ostslowakischen Stadt Kaschau gebildete Regierung der erneuerten Tschechoslowakei die politische Macht.

Die Tschechoslowakei als Volksdemokratie und sozialistischer Staat

Das in Kaschau am 5. April 1945 verkündete Programm der von dem Sozialdemokraten Zdeněk Fierlinger geführten Regierung, das weitgehend von den Kommunisten unter Klement Gottwald in Moskau ausgearbeitet und dort von Vertretern der linksgerichteten Parteien gebilligt worden war, legte den Grundstein für die Integration der Tschechoslowakei in das sowjetische System. Außenpolitisch verpflichtete es die ČSR, die – abgesehen von der Karpato-Ukraine, die an die UdSSR fiel – in den Grenzen vor dem Münchener Abkommen von 1938 rekonstituiert wurde, zur «engsten Bundesgenossenschaft mit der siegreichen slawischen Großmacht im Osten» und zur Zusammenarbeit auf allen Gebieten. Innenpolitisch verständigte man sich auf die Bildung einer «Nationalen Front», in der die zugelassenen Parteien (neben den beiden zunächst noch getrennten kommunistischen Parteien die Sozialdemokraten, die nationalen Sozialisten, die Katholische Volkspartei sowie die slowakischen Demokraten) zusammengefasst wurden. Nach sowjetischem Vorbild sollten gewählte «Nationalausschüsse» mit weitreichenden exekutiven Befugnissen die alten bürokratischen Verwaltungseinrichtungen auf allen Ebenen ersetzen. Für eine solche Verbindung bürgerlich-demokratischer und sozialistischer Vorstellungen prägte der alte und neue Staatspräsident Edvard Beneš den Ausdruck «sozialisierende Demokratie».

Ein für die politische und ökonomische Entwicklung bedeutender Punkt, der im Kaschauer Programm breiten Raum einnahm, betraf die Frage der Staatsbürgerschaft für Angehörige der nationalen Minderheiten. Auch wenn die Zwangsaussiedlung aller Deutschen und Magyaren aus einer erneuerten ČSR dort nicht direkt als solche thematisiert wurde, so war doch gerade die ebenso sensible wie komplexe Frage eines Bevölkerungstransfers bereits seit 1938/39 Gegenstand zahlreicher Debatten, Schriftwechsel und Abhandlungen. Die vom Londoner Exil um Beneš angestoßene Diskussion, an der zeitweise auch sudetendeutsche Exilpolitiker wie der sozialdemokratische Abgeordnete Wenzel Jaksch beteiligt waren, korrespondierte mit Plänen der Alliierten für die Nachkriegsordnung in Ostmitteleuropa. Im Potsdamer Abkommen vom 2. August 1945 kamen die Siegermächte in Artikel XIII überein, dass die Aussiedlung der deutschen Bevölkerung aus Polen, der Tschechoslowakei und Ungarn «in ordnungsgemäßer und humaner Weise» erfolgen solle. In der ČSR legten die von der Regierung am 14. Dezember verabschiedeten «Direktiven zur Durchführung der systematischen Abschiebung der Deutschen aus dem Gebiet der Tschechoslowakei» die Rahmenbedingungen für den eigentlichen Bevölkerungstransfer im Jahr 1946 fest.

Der Zwangsausweisung der Sudetendeutschen in die Westzonen, in die sowjetische Besatzungszone und nach Österreich gingen die Aufhebung der bürgerlichen und politischen Rechte, Diskriminierungen, Repressalien, Standgerichtsurteile, Internierungslager und Zwangsarbeit voraus. Zehntausende kamen dabei ums Leben. Einem Dekret des Präsidenten der Republik vom 19. Mai 1945 zufolge wurde das Vermögen der «staatlich unzuverlässigen Personen» unter nationale Verwaltung gestellt. Die letzten planmäßigen Transporte nach Bayern passierten im November 1946 die Grenze. Etwa 240 000 Deutsche – in der Mehrzahl Deutsche in Mischehen, in bestimmten Industriezweigen benötigte Spezialisten und erklärte Antifaschisten –

konnten oder mussten in der ČSR bleiben. Zu der anfangs ebenfalls geplanten Abschiebung der in der Südslowakei ansässigen Magyaren kam es aufgrund heftiger Proteste nicht. Die Pariser Friedenskonferenz willigte 1946 lediglich in einen Bevölkerungsaustausch mit rund 70 000 der in Ungarn lebenden Slowaken ein.

Den gut organisierten, geschlossen und zielstrebig agierenden Kommunisten gelang es Zug um Zug, ihren Einfluss innerhalb der Regierung zu erweitern und zur ausschlaggebenden politischen Kraft im Staat aufzusteigen. Bei den Parlamentswahlen im Mai 1946 wurden sie mit knapp 38 Prozent der abgegebenen Stimmen stärkste Partei und stellten mit Gottwald den neuen Ministerpräsidenten. Nur ein Jahr später kontrollierten sie bereits große Teile der Nationalausschüsse auf Gemeinde- und Bezirksebene. Die von Stalin erzwungene Zurückweisung der Marshallplan-Hilfe im Sommer 1947 bedeutete schließlich das Ende der bisherigen Zusammenarbeit mit den Koalitionspartnern. Als diese im Februar 1948 durch den Rücktritt ihrer Minister eine Demission der gesamten Regierung erzwingen wollten, schlug die Stunde der Kommunisten. Es gelang Gottwald, Staatspräsident Beneš am 25. Februar zu einer Umbildung der Regierung zu bewegen, in der seine Partei nunmehr definitiv das Übergewicht besaß. Mit dem *Coup de Prague*, der putschartig erfolgten Ausschaltung der bürgerlich-demokratischen Kräfte, begann die mehr als vier Jahrzehnte währende Herrschaft der Kommunistischen Partei in der Tschechoslowakei.

Bis Mitte 1948 konnten die Kommunisten ihre Machtposition festigen und ausbauen, oppositionelle Kräfte in öffentlichen Ämtern, Verbänden und Redaktionen zurückdrängen und die formelle Vereinigung mit den Sozialdemokraten durchsetzen; wenig später gab auch die kommunistische Parteiorganisation in der Slowakei ihre Eigenständigkeit auf und ordnete ihre Führungsorgane dem Zentralkomitee der Mutterpartei in Prag unter. Beneš war jedoch nicht bereit, seine Unterschrift unter die neue volksdemokratische Verfassung zu setzen, und trat zurück. Sein Nachfolger auf dem Hradschin wurde am 14. Juni Gottwald. Dessen Forderung nach einer «ständigen Annäherung an das sowjetische Vorbild» entsprach die völlige Umgestaltung von Staat, Verwaltung und Gesellschaft. Das kommunistische Regime schuf in den kommenden Jahren einen totalitären, auf massive Repression setzenden Staat, der eine ideologische Durchdringung und Kontrolle nahezu aller Lebensbereiche beanspruchte.

Besonders rasch und nachhaltig vollzog sich dieser Prozess bei der Übernahme des sowjetischen Planungs- und Wirtschaftssystems. Bereits Ende 1948 befand sich die Masse der Industriebetriebe, Banken und Versicherungen in Staatseigentum. Mit der Zurückdrängung privater Unternehmen und kapitalistischer Wirtschaftsformen ging eine zentrale Planung der Produktion einher. Vorrang bei der planwirtschaftlich forcierten Industrialisierung, die vor allem das Wirtschaftspotenzial der noch weitgehend agrarisch geprägten Slowakei erheblich steigerte, besaß der Ausbau der Schwerindustrie. Der im Januar 1949 in Moskau gegründete «Rat für Gegenseitige Wirtschaftshilfe» (RGW) schuf die Voraussetzung für die strikte Ausrichtung des tschechoslowakischen Außenhandels auf die Sowjetunion und die anderen sozialistischen Staaten. Die Landwirtschaft und die mit ihr verbundenen Wirtschaftszweige wurden durch die nahezu vollständige Liquidierung der großbäuerlichen Schicht im Zuge der Kollektivierung schwer getroffen. In der westlichen Staatshälfte konnte erst 1965 das Vorkriegsniveau der landwirtschaftlichen Produktion wieder erreicht werden. Spezifische Probleme stellten sich in den ehemals von Deutschen bewohnten, amtlich als «Grenzgebiet» (*pohraničí*) bezeichneten Regionen, die sukzessive neu besiedelt wurden.

Durch die Bevölkerungsverschiebungen in den Jahren 1945/46 entschärfte sich nicht nur die gesamte Minderheitenproblematik, auch das Verhältnis von Tschechen und Slowaken entspannte sich merklich. Die Verfassung von 1948 sprach bereits in der Präambel von den beiden staatsbildenden «Brudernationen» und rückte damit von der älteren Konzeption einer einzigen tschechoslowakischen Nation ab. Von einer wirklichen Gleichberechtigung konnte freilich nicht die Rede sein. Den Slowaken wurde zwar formal eine Reihe eigenständiger Landesinstitutionen zugebilligt; da es solche auf tschechischer Seite jedoch nicht gab, die tschechoslowakischen Behörden also stets auch für den tschechischen Landesteil zuständig waren, blieben slowakische Amtsträger in den zentralstaatlichen Einrichtungen weiterhin unterrepräsentiert. So war beispielsweise die «Slowakische Akademie der Wissenschaften» in Pressburg stets eine Unterabteilung der in Prag ansässigen «Tschechoslowakischen Akademie der Wissenschaften» – eine entsprechende tschechische Einrichtung gab es bis 1992 nicht.

Die Unerbittlichkeit, mit der die Kommunistische Partei ihren Führungsanspruch durchsetzte, ging mit Angriffen auf Exponenten der alten Gesellschaftseliten, kirchliche Amtsträger und Mitglieder anderer Parteien, mit innerparteilichen Auseinandersetzungen, Säuberungswellen und raffiniert inszenierten Schauprozessen Hand in Hand. Die Zahl derjenigen, die zwischen 1950 und 1953/54 in der Tschechoslowakei aus politischen Gründen inhaftiert waren, wird auf etwa 250 000 geschätzt. Allein 1952 wurden rund 22 000 Häftlinge im Uranbergbau eingesetzt. Nur zurückhaltend schwenkte man auf den neuen Kurs ein, den die sowjetische Führung nach dem Tod Stalins 1953 eingeschlagen hatte. Da Gottwald im gleichen Jahr starb, bot sich die Möglichkeit, Staats- und Parteiführung in verschiedene Hände zu legen. Die Enthüllung des monumentalen Stalin-Denkmals in Prag am 1. Mai 1955 machte der Öffentlichkeit jedoch deutlich, wo die Grenzen solcher Kurskorrekturen lagen.

In der neuen Verfassung vom 11. Juli 1960, in der der Staat in «Tschechoslowakische Sozialistische Republik» umbenannt wurde, verkündete die ČSSR als erste Volksdemokratie: «Der Sozialismus hat in unserem Vaterland gesiegt»; der sozialistische Aufbau sei vollendet, nun gelte es, Kräfte «für den Übergang zum Kommunismus» zu sammeln. Der von der sowjetischen Führung mit immer größerem Nachdruck geforderten Entstalinisierung konnte sich Staats- und Parteichef Antonín Novotný allerdings nicht entziehen. Die Demontage des Prager Stalin-Denkmals im November 1962 unterstrich symbolhaft den neuen Kurs, der mit einer Untersuchung der Terrorprozesse und einer umfassenden Rehabilitation ihrer Opfer den Anfang nahm. In den folgenden Jahren wurden nicht nur Entwicklungsperspektiven einer «sozialistischen Marktwirtschaft» ausgelotet, die der in das Zentralkomitee der Kommunistischen Partei aufgenommene Wirtschaftswissenschaftler Ota Šik forderte, sondern auch Möglichkeiten einer Liberalisierung der Kulturpolitik ins Auge gefasst. Neben diesen Reformdiskussionen sorgte die Forderung der Slowaken nach einer echten Föderalisierung des Staates zusätzlich für Unruhe.

Seit Januar 1968, als der bisherige slowakische Parteisekretär Alexander Dubček an die Spitze des Zentralkomitees der Kommunistischen Partei berufen wurde, überschlugen sich die Ereignisse. Im März wurde Novotný auch als Staatspräsident abgelöst und durch Ludvík Svoboda ersetzt. Das Diktum des «Sozialismus mit menschlichem Antlitz», den die Partei in einem im April verabschiedeten Aktionsprogramm zum Ziel erklärte, wurde zum Leitgedanken eines von immer breiteren Kreisen artikulierten Reformbegehrens, das sich innerhalb kürzester Zeit der Kontrolle der Staats- und Parteiführung entzog. Große Wirkung erzielte das von dem Schriftsteller Ludvík Vaculík verfasste «Manifest der zweitausend Worte» (*Dva tisíce slov*), das am 27. Juni 1968 in der kulturpolitischen Zeitschrift *Literární listy* sowie in mehreren Tageszeitungen erschien und schonungslos die Methoden totalitärer Machtausübung sowie die «Irrtümer des Sozialismus» anprangerte. Der «Prager Frühling» weckte auch im westlichen Europa Hoffnungen auf eine allmähliche Überwindung der Blockkonfrontation des Kalten Krieges.

Die militärische Besetzung der Tschechoslowakei durch Truppen des Warschauer Paktes in der Nacht vom 20. auf den 21. August 1968, die offiziell als «brüderliche Hilfe gegen die konterrevolutionäre Entwicklung und die Bedrohung des Sozialismus» bezeichnet wurde, beendete jedoch alle Reformexperimente schlagartig. Die Regierung in Prag sah sich Mitte Oktober genötigt, einer unbefristeten Stationierung der sowjetischen Truppen auf dem Territorium der ČSSR zuzustimmen. Mitte April 1969 wurde Dubček abgewählt und durch Gustáv Husák ersetzt, der die Linie Moskaus tatkräftig unterstützte. Mit der Zeit wurden alle Reformer aus Partei- und Staatsämtern entfernt. Zehntausende Tschechen und Slowaken, unter ihnen eine große Zahl an Schriftstellern, Journalisten, Künstlern und Wissenschaftlern, entschieden sich für die Emigration in den Westen.

Von den einstigen Reformideen des Aktionsprogramms blieb faktisch nur die Föderalisierung des Staates übrig, die Husák am 28. Oktober 1968, dem 50. Jahrestag der Gründung der Ersten Republik, in Pressburg verkündete. Dem am 1. Januar 1969 in Kraft getretenen «Verfassungsgesetz über die Tschechoslowakische Föderation» zufolge bestand der unverändert als ČSSR bezeichnete Bundesstaat aus zwei gleichberechtigten Nationalstaaten. Die neue Bundesversammlung setzte sich aus der Volkskammer und der paritätisch mit tschechischen und slowakischen Abgeordneten besetzten Nationalitätenkammer zusammen. Darüber hinaus gab es künftig für Tschechen und Slowaken je einen Nationalrat, eine Landesregierung und einen Obersten Gerichtshof.

Die Rücknahme der Reformmaßnahmen, die sich hinter dem euphemistischen Begriff der «Normalisierung» (*normalizace*) verbarg, mündete in den 1970er Jahren in eine Politik massiver Repression. Nach der «Wiederherstellung der Einheit der Partei» verstand es das Regime, alle von der Parteilinie abweichenden Äußerungen konsequent zu unterbinden. Zahllose Intellektuelle verloren ihre Stellung und wurden mit Berufsverboten belegt. Die Dichte an informeller Bespitzelung in der Tschechoslowakei war derjenigen in der DDR vergleichbar. Husák, der 1975 – als erster Slowake – auch das Amt des Staatspräsidenten übernahm, vertrat die sowjetischen Positionen im gesamten sozialistischen Lager am vorbehaltlosesten. Im Gegensatz zu Ungarn, Rumänien oder Polen gelang es ihm nicht, den Zwangscharakter des Regimes in der ČSSR zu überdecken, die Abhängigkeit von der UdSSR abzubauen und einen eigenen, den nationalen Interessen entsprechenden Weg einzuschlagen.

Dissidenz, «samtene Revolution» und Rückkehr zur parlamentarischen Demokratie

Jenseits der Machtzirkel und abseits der parteitreuen Medien begann sich Mitte der 1970er Jahre eine Dissidentenbewegung zu formieren, in der Künstler und Intellektuelle, aber auch Priester, Arbeiter und ehemalige Reformpolitiker zusammenfanden. Eine Petition gegen Menschenrechtsverletzungen des Regimes, die bis Ende des Jahres 1977 von mehr als 800 Personen unterschrieben wurde, gab der Bürgerrechtsbewegung «Charta 77» ihren Namen. Die Gruppe, die vor allem auf die Einhaltung bestehender Gesetze und internationaler Verpflichtungen der ČSSR drängte, sich ihrer Präambel nach aber nicht als «Basis für oppositionelle politische Tätigkeit» verstand, bildete bis Ende der 1980er Jahre das Zentrum einer Gegenöffentlichkeit, die während der Erosion der kommunistischen Herrschaft größte Bedeutung gewann. Ähnlich wie der Dramatiker Václav Havel, der zu den ersten Sprechern der «Charta 77» gehört hatte, stammte der Großteil der nach den revolutionären Ereignissen von 1989 in der Tschechoslowakei regierenden Elite aus eben diesem Dissidentenmilieu.

Als Mitte der 1980er Jahre in der Sowjetunion unter dem neuen Generalsekretär Michail S. Gorbačev ein energischer «Umbau» (*perestrojka*) der Gesellschaft einsetzte, der über ökonomische Reformen hinaus auf Demokratisierung, politischen Pluralismus und damit auf eine grundsätzliche Systemveränderung abzielte, reagierten die ostmitteleuropäischen Regime höchst unterschiedlich. Anders als in Polen und Ungarn hielt die Parteiführung in der Tschechoslowakei an ihrem bisherigen harten Repressionskurs fest. Die Ablösung von Husák als Parteichef 1987 erhöhte die Erneuerungsbereitschaft innerhalb des Regimes nicht. Der massive Einsatz von Gewalt gegen Demonstranten und Oppositionelle konnte jedoch nicht über den steten Autoritätsverfall der Staatsführung hinwegtäuschen, die durch die seit Juli 1989 wachsende Anzahl von DDR-Flüchtlingen in der bundesdeutschen Botschaft in Prag zusätzlich verunsichert wurde. Das brutale Vorgehen der Sicherheitskräfte gegen eine

Massendemonstration in der Hauptstadt am 17. November 1989 löste schließlich eine landesweite Empörung aus, der das Regime nichts mehr entgegenzusetzen hatte.

Zwei Tage später schlossen sich tschechische und slowakische Oppositionsgruppen zum «Bürgerforum» (*Občanské fórum*) beziehungsweise zur «Öffentlichkeit gegen Gewalt» (*Verejnosť proti násiliu*) zusammen, am 24. November traten Präsidium und Sekretariat der Kommunistischen Partei auf einer Sondersitzung des Zentralkomitees geschlossen zurück. Die Staatspartei versuchte ihre Stellung zwar noch durch Gespräche mit der Opposition zu behaupten, brach in den Dezembertagen jedoch angesichts anhaltender Massenproteste und Streiks in sich zusammen. Am 10. Dezember vereidigte Staatspräsident Husák eine neue Regierung unter Ministerpräsident Marián Čalfa, in der die Kommunistische Partei keine Mehrheit mehr besaß. Es war die letzte Amtshandlung Husáks, der noch am selben Tag zurücktrat. Zu seinem Nachfolger wählte die Nationalversammlung am 29. Dezember den Dissidenten Václav Havel, einen der Hauptprotagonisten der «samtenen Revolution» (*sametová revoluce*), der kraft seiner moralischen Integrität und Unbeugsamkeit zum Symbol für eine neue Zeit wurde.

Ähnlich wie in den anderen Transformationsländern Ostmitteleuropas war der Weg von der kommunistischen Einparteienherrschaft zum demokratischen Verfassungsstaat auch in der Tschechoslowakei steinig und von zum Teil schweren Verwerfungen geprägt. Eine umfassende verfassungsrechtliche Neuordnung wurde vorerst aufgeschoben. Nach monatelangem Tauziehen einigte man sich am 20. April 1990 nur auf den neuen Staatsnamen «Tschechische und Slowakische Föderative Republik» (*Česká a Slovenská federativní republika*, ČSFR). Das dreistufige Gefüge der Nationalausschüsse dagegen wurde schon nach wenigen Monaten aufgelöst und durch eine Verwaltungsstruktur ersetzt, die im Kern derjenigen der Ersten Republik entsprach. Dem Sieg, den die beiden großen Bürgerbewegungen bei den ersten freien Wahlen seit mehr als vier Jahrzehnten am 8./9. Juni errungen hatten, folgte schon bald ein Differenzierungsprozess an der Basis. Die Kommunistische Partei, die man bewusst nicht verboten hatte, war von dem Strukturwandel im Parteiensystem noch am wenigsten betroffen. An den Wahlen zum tschechoslowakischen Föderalparlament von 1992 beteiligten sich bereits vierzig Parteien.

In der Außen- und Sicherheitspolitik war an erster Stelle das Verhältnis zur früheren Hegemonialmacht, die sich seit Frühjahr 1990 in zunehmender Auflösung befand, neu zu definieren. Am 27. Februar kamen Havel und Gorbačev in Moskau überein, den auslaufenden Freundschafts- und Beistandsvertrag vom 6. Mai 1970 nicht zu verlängern. Gleichzeitig verständigte man sich auf den Abzug der sowjetischen Truppen bis zur Jahresmitte 1991. Eine neue sicherheits- und wirtschaftspolitische Zusammenarbeit im östlichen Mitteleuropa nahm Gestalt an, als sich Polen, Ungarn und die Tschechoslowakei am 15. Februar 1990 zur sogenannten Visegrád-Gruppe zusammenschlossen. Durch den «Vertrag zwischen der Bundesrepublik Deutschland und der Tschechischen und Slowakischen Föderativen Republik über gute Nachbarschaft und freundschaftliche Zusammenarbeit» vom 27. Februar 1992 konnte eine Reihe von Streitfragen, die das Verhältnis zum westlichen Nachbarn jahrzehntelang belastet hatten, einvernehmlich geklärt werden.

Der Wechsel von der ineffizienten Planwirtschaft sowjetischen Typs hin zu einer marktwirtschaftlichen Ordnung westlichen Zuschnitts stellte sich nicht zuletzt wegen der ohnehin seit Jahren angespannten Wirtschaftslage als gewaltige Herausforderung für die junge Demokratie heraus. Eine selbständige Unternehmerschicht existierte faktisch nicht. Der Zusammenbruch des RGW-Handels zwang die stark exportorientierte Wirtschaft der ČSFR, völlig neue Märkte zu erschließen. Im tschechischen Landesteil sanken die Reallöhne 1991 um 24,5 Prozent, während die Verbraucherpreise im gleichen Zeitraum um 56,6 Prozent anstiegen. Die ökonomischen Einbrüche, die die rasche binnen- und außenwirtschaftliche Liberalisierung nach sich zog, und deren soziale Folgen riefen schon bald Enttäuschungen und Ängste bei der Bevölkerung hervor. Bereits 1993 zeichnete sich allerdings ein Aufwärtstrend ab: Der Rückgang der Wirtschaftsleistung in den beiden Vorjahren konnte nahezu kompensiert werden, der Preisanstieg nahm ab, und auch die Reallöhne begannen wieder zu steigen.

Angesichts der vielfältigen Strukturprobleme und Herausforderungen seit dem Ende der kommunistischen Herrschaft verlor die sich schon länger abzeichnende staats- und verfassungsrechtliche Neuordnung zum 1. Januar 1993, die das Ende des nach dem Ersten Weltkrieg begründeten gemeinsamen Staates von Tschechen und Slowaken bedeutete, erheblich an Gewicht.

VIII. Die Tschechische Republik (seit 1993)

Neuorientierung zwischen Bundesstaat und regionalen Autonomieansprüchen

Die Verfassungsdebatte, die in der Bundesversammlung mehr als zwei Jahre blockiert worden war, wurde 1992 von zum Teil heftigen Auseinandersetzungen zwischen Tschechen und Slowaken überschattet. Dass die Aufspaltung der Tschechoslowakei in zwei souveräne Staaten dennoch auf friedliche Art und Weise erfolgte und nicht – wie beim gleichzeitigen Zerfall der jugoslawischen Föderation – in einen blutigen Bürgerkrieg ausartete, ist auch darauf zurückzuführen, dass weder Prag noch Pressburg dem jeweils anderen Partner den Erhalt der staatlichen Einheit aufzwingen wollten. Václav Klaus und Vladimír Mečiar, die Wahlsieger der Parlamentswahlen vom Juni 1992, gingen vor allem wirtschaftspolitisch eigene, nicht miteinander zu vereinbarende Wege, um die Transformationskrise zu bewältigen. Nachdem der Nationalrat in Pressburg nur wenige Wochen später, am 17. Juli 1992, die Slowakei zum souveränen Staat erklärt hatte, gab es für weitere gesamtstaatliche Verhandlungen faktisch keine Grundlage mehr. Drei Tage später trat Präsident Václav Havel von seinem Amt zurück. Am 25. November wurde das Gesetz über die Auflösung der ČSFR zum Ende des Jahres im föderalen Parlament in Prag verabschiedet. Ein Referendum, das Tschechen und Slowaken ein Mitspracherecht über das Schicksal ihres gemeinsamen Staates eingeräumt hätte, hatten beide Regierungen abgelehnt.

Die neue Verfassung der Tschechischen Republik (*Česká republika*), die die Anfang 1991 von der Bundesversammlung beschlossene Charta der Grundrechte und -freiheiten unverändert übernahm, wurde am 16. Dezember 1992 verabschiedet. Mit der Wahl Havels zum tschechischen Staatspräsidenten am 2. Februar 1993 – er wurde fünf Jahre später in seinem Amt bestätigt – und der Übernahme der Flagge des ehemaligen Bundesstaates signalisierte die Regierung in Prag nach außen Kontinuität. Eine Aufteilung des Staatsvermögens der ČSFR war am 13. November 1992, also noch vor dem Vollzug der Staatenteilung, einvernehmlich geregelt worden. Für wenige Wochen bildeten die beiden neuen Nationalstaaten noch eine Währungsunion auf Grundlage der tschechoslowakischen Krone als Währungseinheit. Am 8. Februar 1993 führten sie dann eigene Währungen ein, die tschechische und die slowakische Krone. Eine tschechisch-slowakische Zollunion umfasste sowohl den Handel mit Industriewaren als auch den Warenaustausch mit Agrarprodukten.

Parallel zum Sezessionsstreben der Slowaken war in der Zeit des Umbruchs innerhalb des tschechischen Landesteils eine Autonomiebewegung von Mährern und Schlesiern entstanden, die vor allem in den 1990er Jahren beachtlichen Zulauf hatte. Im Frühjahr 1990 entstand die «Bewegung für eine selbstverwaltete Demokratie – Gesellschaft für Mähren und Schlesien» (*Hnutí za samosprávnou demokracii – Společnost pro Moravu a Slezsko*), die bei den ersten freien Wahlen vom Juni 1990 unter der Losung «Nejsme Češi!» (Wir sind keine Tschechen) sowohl in das tschechische als auch in das gesamtstaatliche Parlament einzog. Bei der Volkszählung vom 3. März 1991 bekannten sich 1 360 155 Einwohner als Mährer und 45 223 als Schlesier – es war das erste Mal, dass man diese «Nationalitäten» angeben konnte. Nach der staatlichen Trennung von Tschechen und Slowaken verlor die Partei, auch infolge des erhöhten Drucks seitens der Prager Zentrale, zwar politisch an Rückhalt in der Bevölkerung und zerfiel in verschiedene Gruppierungen, die bis zu den Parlamentswahlen von 2002 völlig marginalisiert waren. Kultur- und gesellschaftspolitisch ist der mährisch-schlesische Regionalismus gleichwohl unverändert lebendig.

Politische, gesellschaftliche und wirtschaftliche Strukturen

Unter allen postkommunistischen Transformationsstaaten Ostmittel- und Südosteuropas galt die Tschechische Republik unmittelbar nach der Trennung von der Slowakei als derjenige Reformstaat, der die 1993 vom Europäischen Rat festgelegten Kriterien für einen Beitritt zur Europäischen Union (EU) am ehesten erfüllen werde. Nur wenige Jahre später stellte sich die Situation aufgrund erheblicher außenwirtschaftlicher Probleme, der unzureichenden Restrukturierung der Ökonomie und einer bedrohlichen Rezession ungleich nüchterner dar. Schwerwiegende Defizite, so war in den seit 1997 alljährlich von der EU-Kommission veröffentlichten Berichten zur Beitrittsreife der einzelnen Kandidatenstaaten zu lesen, seien auch im tschechischen Justiz- und Verwaltungsapparat festzustellen. Hinzu kam, dass der Nutzen eines solchen Beitritts innerhalb Tschechiens zunehmend kontrovers diskutiert wurde. Das Dilemma, das die Gleichzeitigkeit des innenpolitischen Transformationsprozesses und des europäischen Integrationsprozesses mit sich brachte, war unübersehbar.

Durch konsequente Reformen konnten die Kritikpunkte allerdings ausgeräumt werden. Mit 77,3 Prozent stimmte schließlich im Juni 2003 eine große Mehrheit der tschechischen Wähler für die Annahme des zwei Monate zuvor in Athen unterzeichneten Beitrittsvertrags. Der Beitritt der Tschechischen Republik zur EU zum 1. Mai 2004 war zugleich Ausdruck der international anerkannten demokratischen und rechtsstaatlichen Ordnung des Landes. Am 1. Januar 2009 übernahm Tschechien unter Ministerpräsident Mirek Topolánek erstmals die EU-Ratspräsidentschaft.

Auch auf anderen Gebieten konnte sich Tschechien konsolidieren. In der Außen- und Sicherheitspolitik wirkte die frühzeitig angestrebte Mitgliedschaft im «Nordatlantikpakt» (NATO), in den die Tschechische Republik am 12. März 1999 zeitgleich mit Polen und Ungarn aufgenommen wurde, ebenso stabilisierend wie die regionale Zusammenarbeit mit den Nachbarstaaten im Rahmen der Visegrád-Kooperation. Im national homogenen Tschechien behinderten den Konsolidierungsprozess keine ethnischen Konflikte wie in der benachbarten Slowakei, wo der Anteil der nationalen Minderheiten etwa 20 Prozent beträgt. Das Land verfügt über stabile, funktionierende Institutionen. Daneben gewinnen intermediäre Einrichtungen beständig an Bedeutung und erfüllen ihre Funktion als organisierte Interessenvermittlung. Eine Reihe von Gesetzen garantiert die freie Religionsausübung. Die katholische Kirche, die mit Abstand größte Religionsgemeinschaft, konnte zwar ihre Strukturen erneuern; es gelang ihr allerdings nicht, ihre Stellung in der tschechischen Gesellschaft, die einen sehr hohen Säkularisierungsgrad aufweist, nachhaltig zu verbessern. Die Finanz- und Wirtschaftskrise am Ende des ersten Jahrzehnts des 21. Jahrhunderts hatte keine dramatischen Auswirkungen. Im Jahr 2009 betrug das Haushaltsdefizit Tschechiens 5,9 Prozent des Bruttoinlandsprodukts (BIP) – das entspricht einem mittleren Platz innerhalb der EU; der öffentliche Schuldenstand von 34,2 Prozent des BIP ist im europäischen Vergleich ein recht guter Wert.

Trotz zahlreicher wirtschafts- und gesellschaftspolitischer Probleme zeigten die Parlamentswahlen von 2010 ein weiteres Mal, dass populistische oder extremistische Parteien in Tschechien keinen Zulauf finden, auch wenn die beiden großen Parteien, die Sozialdemokraten (*Česká strana sociálně demokratická*) und die nationalliberale «Demokratische Bürgerpartei» (*Občanská demokratická strana*), deutlich abgestraft wurden und gegenüber den Wahlen von 2006 10,2 beziehungsweise 15,2 Prozent des Stimmenanteils verloren. Der große Gewinner der Wahl war die erst ein Jahr zuvor gegründete konservative Reformpartei «TOP 09» – das Kürzel steht für *tradice, odpovědnost, prosperita* (Tradition, Verantwortung, Wohlstand) –, die aus dem Stand 16,7 Prozent der Stimmen und

41 Mandate im Abgeordnetenhaus erlangte. Der Erfolg von «TOP 09», die in der Hauptstadt sogar stärkste Partei wurde, verdankt sich nicht zuletzt der Popularität ihres Spitzenkandidaten Karel Schwarzenberg. Der 1937 in Prag geborene Nachkomme eines alten böhmischen Adelsgeschlechts war 1948 mit seiner Familie vor den Kommunisten aus der Tschechoslowakei geflohen und nach der «samtenen Revolution» in seine Heimat zurückgekehrt. 2013 trat der zweimalige Außenminister zur Präsidentenwahl in Tschechien an. Nur knapp unterlag er in der Stichwahl dem ehemaligen Ministerpräsidenten Miloš Zeman, der am 8. März 2013 die Nachfolge von Václav Klaus antrat und vor den beiden Kammern des Parlaments als dritter Staatspräsident der Tschechischen Republik vereidigt wurde.

Herrscher und Staatsoberhäupter

Der Stern (*) hinter einem Namen bedeutet, dass der Herrscher nicht der in der Überschrift genannten Dynastie angehörte.

Přemysliden

Bořivoj I.	? – um 894
Spytihněv I.	um 894 – um 915
Vratislav I.	um 915 – um 921
Wenzel (Václav) I., der Heilige	um 924–929/935
Boleslav I.	929/935–967/972
Boleslav II.	967/972–999
Boleslav III.	999–1002
Vladivoj	1002–1003
Boleslav III.	1003
Jaromír	1003
Bolesław I. Chrobry*	1003–1004
Jaromír	1004–1012
Udalrich (Oldřich)	1012–1033
Jaromír	1033–1034
Udalrich (Oldřich)	1034
Břetislav I.	1035–1055
Spytihněv II.	1055–1061
Vratislav II.	1061–1092
Konrad I.	1092
Břetislav II.	1092–1100
Bořivoj II.	1101–1107
Svatopluk	1107–1109
Vladislav I.	1109–1117
Bořivoj II.	1117–1120
Vladislav I.	1120–1125
Soběslav I.	1125–1140
Vladislav II.	1140–1172
Friedrich (Bedřich)	1172–1173
Soběslav II.	1173–1178
Friedrich (Bedřich)	1178–1189
Konrad II. Otto	1189–1191
Wenzel (Václav) II.	1191
Přemysl Otakar I.	1192–1193
Heinrich (Jindřich) Břetislav	1193–1197
Vladislav Heinrich (Jindřich)	1197
Přemysl Otakar I.	1197–1230
Wenzel I.	1230–1253
Přemysl Otakar II.	1253–1278
Wenzel II.	1278–1305
Wenzel III.	1305–1306
Heinrich von Kärnten*	1306
Rudolf (I.) von Habsburg*	1306–1307
Heinrich von Kärnten*	1307–1310

Luxemburger

Johann von Luxemburg	1310–1346
Karl IV.	1346–1378
Wenzel IV.	1378–1419
Sigismund	1419–1420, 1436–1437
Albrecht II. von Habsburg*	1437–1439
Ladislaus Postumus*	1453–1457
Georg von Podiebrad*	1458–1471

Jagiellonen

Vladislav II.	1471–1516	Ludwig II.	1516–1526

Habsburger

Ferdinand I.	1526–1564	Karl VI.	1711–1740
Maximilian II.	1564–1576	Maria Theresia	1740–1780
Rudolf II.	1576–1611	Karl Albrecht von Bayern*	1741–1745
Matthias	1611–1619	Joseph II.	1780–1790
Ferdinand II.	1619	Leopold II.	1790–1792
Friedrich V. von der Pfalz*	1619–1620	Franz II. (I.)	1792–1835
Ferdinand II.	1620–1637	Ferdinand I. (V.)	1835–1848
Ferdinand III.	1637–1657	Franz Joseph I.	1848–1916
Leopold I.	1657–1705	Karl I.	1916–1918
Joseph I.	1705–1711		

Staatsoberhäupter

Tschechoslowakische Republik

Tomáš Garrigue Masaryk	1918–1935	Antonín Zápotocký	1953–1957
Edvard Beneš	1935–1938[1]	Antonín Novotný	1957–1968
Emil Hácha	1938–1945[2]	Ludvík Svoboda	1968–1975
Edvard Beneš	1945–1948	Gustáv Husák	1975–1989
Klement Gottwald	1948–1953	Václav Havel	1989–1992

Tschechische Republik

Václav Havel	1993–2003	Miloš Zeman	seit 2013
Václav Klaus	2003–2013		

[1] 1940–1945 Präsident der tschechoslowakischen Exilregierung
[2] 1939–1945 Präsident des Reichsprotektorats Böhmen und Mähren

Literaturhinweise

Die folgenden bibliographischen Angaben wurden auf neuere Werke vorwiegend deutscher Sprache konzentriert, die weitere Informationen vermitteln und auf die internationale, vor allem auf die umfangreiche tschechische Spezialliteratur zu den einzelnen Kapiteln verweisen.

Gesamtdarstellungen und Überblickswerke

Alexander, Manfred: Kleine Geschichte der böhmischen Länder. Stuttgart 2008.

Bahlcke, Joachim/Eberhard, Winfried/Polívka, Miloslav (Hg.): Handbuch der historischen Stätten: Böhmen und Mähren. Stuttgart 1998.

Bosl, Karl (Hg.): Handbuch der Geschichte der böhmischen Länder, Bd. 1–4. Stuttgart 1967–1970.

Hoensch, Jörg K.: Geschichte Böhmens. Von der slavischen Landnahme bis ins 20. Jahrhundert. München ^{3}1997 [^{1}1987].

Hoensch, Jörg K: Geschichte der Tschechoslowakei. Stuttgart/Berlin/Köln ^{3}1992 [^{1}1966].

Mamatey, Victor S./Luža, Radomír (Hg.): Geschichte der Tschechoslowakischen Republik 1918–1948. Wien/Köln/Graz 1980.

Mannová, Elena (Hg.): A Concise History of Slovakia. Bratislava 2000.

Pánek, Jaroslav u. a. (Hg.): A History of the Czech Lands. Prague 2009.

Puttkamer, Joachim von: Ostmitteleuropa im 19. und 20. Jahrhundert. München 2010.

Schönfeld, Roland: Slowakei. Vom Mittelalter bis zur Gegenwart. Regensburg/München 2000.

Teich, Mikuláš (Hg.): Bohemia in History. Cambridge 1998.

Teich, Mikuláš/Kováč, Dušan/Brown, Martin D. (Hg.): Slovakia in History. Cambridge 2011.

Válka, Josef: Dějiny Moravy, Bd. 1–2. Brno 1991–1995.

Wandruszka, Adam/Urbanitsch, Peter (Hg.): Die Habsburgermonarchie 1848–1918, Bd. 1–9/2. Wien 1973–2010.

Quelleneditionen und Einzeluntersuchungen

Alexander, Manfred (Hg.): Quellen zu den deutsch-tschechischen Beziehungen 1848 bis heute. Darmstadt 2005.

Bahlcke, Joachim: Regionalismus und Staatsintegration im Widerstreit. Die Länder der Böhmischen Krone im ersten Jahrhundert der Habsburgerherrschaft (1526–1619). München 1994.

Berger, Tilman: *Nation* und *Sprache*: das Tschechische und das Slovakische. In: Gardt, Andreas (Hg.): Nation und Sprache. Die Diskussion ihres Verhältnisses in Geschichte und Gegenwart. Berlin/New York 2000, 825–864.

Brandes, Detlef: Der Weg zur Vertreibung 1938–1945. Pläne und Entscheidungen zum ‹Transfer› der Deutschen aus der Tschechoslowakei und aus Polen. München ^{2}2005 [^{1}2001].

Brousek, Karl M.: Die Großindustrie Böhmens 1848–1918. München 1987.

Buchheim, Christoph u. a. (Hg.): Die Tschechoslowakei und die beiden deutschen Staaten. Essen 2010.

Buňatová, Marie: Die Prager Juden in der Zeit vor der Schlacht am Weißen Berg. Handel und Wirtschaftsgebaren der Prager Juden im Spiegel des Liber albus Judeorum 1577–1601. Kiel 2011.

Bůžek, Václav u. a.: Společnost českých zemí v raném novověku. Struktury, identity, konflikty. Praha 2010.

Eberhard, Winfried: Monarchie und Widerstand. Zur ständischen Oppositionsbildung im Herrschaftssystem Ferdinands I. in Böhmen. München 1985.

Evans, R[obert] J. W.: Das Werden der Habsburgermonarchie 1550–1700. Gesellschaft, Kultur, Institutionen. Wien/Köln/Graz 1986.

Fudge, Thomas A.: Jan Hus. Religious Reform and Social Revolution in Bohemia. London/New York 2010.

Fukala, Radek: Slezsko. Neznámá země Koruny České. Knížecí a stavovské Slezsko do roku 1740. České Budějovice 2007.

Gebel, Ralf: «Heim ins Reich!» Konrad Henlein und der Reichsgau Sudetenland (1938–1945). München [2]2000 [[1]1999].

Hadler, Frank (Hg.): Weg von Österreich! Das Weltkriegsexil von Masaryk und Beneš im Spiegel ihrer Briefe und Aufzeichnungen aus den Jahren 1914 bis 1918. Eine Quellensammlung. Berlin 1995.

Haslinger, Peter: Nation und Territorium im tschechischen politischen Diskurs 1880–1938. München 2010.

Hlaváček, Ivan/Patschovsky, Alexander (Hg.): Böhmen und seine Nachbarn in der Přemyslidenzeit. Ostfildern 2011.

Höhne, Steffen/Ohme, Andreas (Hg.): Prozesse kultureller Integration und Desintegration. Deutsche, Tschechen, Böhmen im 19. Jahrhundert. München 2005.

Hoensch, Jörg K. (Hg.): Dokumente zur Autonomiepolitik der Slowakischen Volkspartei Hlinkas. München/Wien 1984.

Hudalla, Anneke: Außenpolitik in den Zeiten der Transformation: Die Europapolitik der Tschechischen Republik 1993–2001. Münster/Hamburg/London 2003.

Jan, Libor u. a. (Hg.): Dějiny Moravy a Matice moravská. Problémy a perspektivy. Brno 2000.

Knoz, Tomáš: Pobělohorské konfiskace. Moravský průběh, středoevropské souvislosti, obecné aspekty. Brno 2006.

Kořalka, Jiří: Tschechen im Habsburgerreich und in Europa 1815–1914. Sozialgeschichtliche Zusammenhänge der neuzeitlichen Nationsbildung und der Nationalitätenfrage in den böhmischen Ländern. Wien/München 1991.

Kosta, Jiří: Die tschechische/tschechoslowakische Wirtschaft im mehrfachen Wandel. Münster 2005.

Kučera, Jaroslav: Minderheit im Nationalstaat. Die Sprachenfrage in den tschechisch-deutschen Beziehungen 1918–1938. München 1999.

Kutnar, František/Marek, Jaroslav: Přehledné dějiny Českého a slovenského dějepisectví. Od počátků národní kultury až do sklonku třicátých let 20. století. Praha 1997.

Louthan, Howard: Converting Bohemia. Force and Persuasion in the Catholic Reformation. Cambridge/New York 2009.

Lübke, Christian: Die Deutschen und das europäische Mittelalter: Das östliche Europa. München 2004.

Luft, Robert: Parlamentarische Führungsgruppen und politische Strukturen in der tschechischen Gesellschaft. Tschechische Abgeordnete und Parteien des österreichischen Reichsrats 1907–1914, Bd. 1–2. München 2012.

Machilek, Franz (Hg.): Die hussitische Revolution. Religiöse, politische und regionale Aspekte. Köln/Weimar/Wien 2012.

Marek, Michaela: Kunst und Identitätspolitik. Architektur und Bildkünste im Prozess der tschechischen Nationsbildung. Köln/Weimar/Wien 2004.

Maťa, Petr: Svět české aristokracie (1500–1700). Praha 2004.

Melville, Ralph: Adel und Revolution in Böhmen. Strukturwandel von Herrschaft und Gesellschaft in Österreich um die Mitte des 19. Jahrhunderts. Mainz 1998.

Mikulec, Jiří: Barokní náboženská bratrstva v Čechách. Praha 2000.

Nekula, Marek/Koschmal, Walter (Hg.): Juden zwischen Deutschen und Tschechen. Sprachliche und kulturelle Identitäten in Böhmen 1800–1945. München 2006.

Nettesheim, Martin/Oppermann, Thomas (Hg.): Die Tschechische Republik und die Europäische Union. Berlin 2003.

Osterloh, Jörg: Nationalsozialistische Judenverfolgung im Reichsgau Sudetenland 1938–1945. München 2006.

Pánek, Jaroslav: Poslední Rožmberkové. Velmoži české renesance. Praha 1989.

Pěkný, Tomáš: Historie Židů v Čechách a na Moravě. Praha [2]2001 [[1]1993].

Rumpler, Helmut: Eine Chance für Mitteleuropa. Bürgerliche Emanzipation und Staatsverfall in der Habsburgermonarchie. Wien 1997.

Šafaříková, Vlasta u. a.: Transformace české společnosti 1989–1995. Brno 1996.

Samerski, Stefan (Hg.): Die Landespatrone der böhmischen Länder. Geschichte – Verehrung – Gegenwart. Paderborn u. a. 2009.

Schmitz, Walter/Udolph, Ludger (Hg.): Tripolis Praga. Die Prager Moderne um 1900. Dresden 2001.

Schulze Wessel, Martin/Zückert, Martin (Hg.): Handbuch der Religions- und Kirchengeschichte der böhmischen Länder und Tschechiens im 20. Jahrhundert. München 2009.

Seibt, Ferdinand (Hg.): Bohemia sacra. Das Christentum in Böhmen 973–1973. Düsseldorf 1974.

Shepherd, Robin H. E.: Czechoslovakia: the Velvet Revolution and Beyond. Basingstoke, Hampshire u. a. 2000.

Šmahel, František: Die Hussitische Revolution, Bd. 1–3. Hannover 2002.

Staněk, Tomáš: Internierung und Zwangsarbeit. Das Lagersystem in den böhmischen Ländern 1945–1948. München 2007.

Storck, Christopher P.: Kulturnation und Nationalkunst. Strategien und Mechanismen tschechischer Nationsbildung von 1860 bis 1914. Köln 2001.

Suppan, Arnold/Vyslonzil, Elisabeth (Hg.): Edvard Beneš und die tschechoslowakische Außenpolitik 1918–1948. Frankfurt am Main u. a. 2002.

Swoboda, Karl M. (Hg.): Barock in Böhmen. München 1964.

Tönsmeyer, Tatjana: Das Dritte Reich und die Slowakei 1939–1945. Politischer Alltag zwischen Kooperation und Eigensinn. Paderborn u. a. 2003.

Třeštík, Dušan: Počátky Přemyslovců. Vstup Čechů do dějin (530–935). Praha 1997.

Válka, Josef: Husitství na Moravě – Náboženská snášenlivost – Jan Amos Komenský. Brno 2005.

Vocelka, Karl: Glanz und Untergang der höfischen Welt. Repräsentation, Reform und Reaktion im habsburgischen Vielvölkerstaat. Wien 2001.

Vodička, Karel: Politisches System Tschechiens. Vom kommunistischen Einparteiensystem zum demokratischen Verfassungsstaat. Münster 1996.

Vondrová, Jitka (Hg.): Češi a sudetoněmecká otázka 1939–1945. Dokumenty. Praha 1994.

Winkelbauer, Thomas: Ständefreiheit und Fürstenmacht. Länder und Untertanen des Hauses Habsburg im konfessionellen Zeitalter, Teilbd. 1–2. Wien 2003.

Wünsch, Thomas: Deutsche und Slawen im Mittelalter. Beziehungen zu Tschechen, Polen, Südslawen und Russen. München 2008.

Žáček, Pavel/Faulenbach, Bernd/Mählert, Ulrich (Hg.): Die Tschechoslowakei 1945/48 bis 1989. Studien zu kommunistischer Herrschaft und Repression. Leipzig 2008.

Žemlička, Josef: Čechy v době knížecí (1034–1198). Praha 1997.

Zimmermann, Volker: Die Sudetendeutschen im NS-Staat. Politik und Stimmung der Bevölkerung im Reichsgau Sudetenland (1938–1945). Essen 1999.

Zückert, Martin: Zwischen Nationsidee und staatlicher Realität. Die tschechoslowakische Armee und ihre Nationalitätenpolitik 1918–1938. München 2006.

Personenregister

Albrecht II. v. Habsburg, Kg. v. Böhmen 37
Auersperg, Fam. 52
Bach, Alexander Frh. v. 78
Badeni, Kasimir Gf. 87
Balbín, Bohuslav 57 f., 62
Beaufort-Spontin, Fam. 52
Beneš, Edvard 89 f., 93, 97 f., 101 f., 105, 107 f.
Blahoslav, Jan 47
Bolzano, Bernard 70, 74
Čalfa, Marián 114
Clary, Fam. 52
Collalto, Fam. 52
Comenius (Komenský), Johann Amos 53 f.
Dalimil 22 f.
Dobrovský, Josef 74
Dubček, Alexander 111
Dvorský, Viktor 98
Elisabeth, Gemahlin Kg. Johanns v. Luxemburg 26
Ferdinand I., röm.-dt. Ks., Kg. v. Böhmen u. Ungarn 41–44
Ferdinand II., röm.-dt. Ks., Kg. v. Böhmen u. Ungarn 50 f., 55, 60
Ferdinand III., röm.-dt. Ks., Kg. v. Böhmen u. Ungarn 55
Fierlinger, Zdeněk 106
Franz I., Ks. v. Österreich, als F. II. röm.-dt. Ks. 67–69
Franz I. Stephan v. Lothringen, röm.-dt. Ks. 67
Franz Joseph I., Ks. v. Österreich 77, 79, 81, 90
Friedrich II., röm.-dt. Ks. 18
Friedrich II., d. Große, Kg. v. Preußen 56
Friedrich V., Kfst. v. d. Pfalz, Kg. v. Böhmen 43, 50 f., 54
Fürstenberg, Fam. 52
Gebsattel, Fritz v. 92
Gorbačev, Michail S. 113, 115
Gottwald, Klement 106, 108, 110
Hácha, Emil 103 f.
Harrach (z Harrachu), Ernst Adalbert Gf. 58 f.
Havel, Václav 113–117
Havlíček Borovský, Karel 75 f.
Heinrich VII., röm.-dt. Ks. 26 f.
Helt v. Kement (H. z Kementu), Sigmund 46
Henlein, Konrad 100, 103
Herberstein, Fam. 52
Herzl, Theodor 86
Heydrich, Reinhard 104
Hitler, Adolf 100–104
Hlinka, Andrej 95, 100
Hodža, Milan 101
Hus, Jan 35 f.
Husák, Gustáv 111–113
Jaksch, Wenzel 107
Janov (z Janova), Matthias v. 34
Johann v. Luxemburg, Kg. v. Böhmen 26–28
Johann(es) v. Nepomuk (Jan Nepomucký) 60
Joseph II., röm.-dt. Ks., Kg. v. Böhmen u. Ungarn 62–65
Jungmann, Josef 74 f.
Karl I., Ks. v. Österreich 90
Karl IV., röm.-dt. Ks., Kg. v. Böhmen 26–28, 30, 33
Karl IV., Kg. v. Frankreich 27
Karl V., röm.-dt. Ks. 41
Karl VI., röm.-dt. Ks., Kg. v. Böhmen u. Ungarn 56 f.
Karl VII., röm.-dt. Ks., Kg. v. Böhmen 58
Kinsky, Franz Gf. 66 f.
Klaus, Václav 116, 120
Koniáš, Antonín 61
Kramář, Karel 88 f., 91, 93 f.
Kraus, Arnošt 11
Krebs, Hans 99 f.
Kuh, David 86 f.
Kunigunde v. Černigov (Kunhuta z Černigova) 19
Kyrill v. Saloniki 16
Ladislaus Postumus (Ladislav Pohrobek), Kg. v. Böhmen u. Ungarn 37
Lanna, Vojtěch 73
Leppin, Paul 87
Liechtenstein (z Lichtenštejna), Fam. 31
Löhner, Ludwig v. 76
Ludwig II., Kg. v. Böhmen u. Ungarn 40 f.
Luther, Martin 35
Maria Theresia, röm.-dt. Ksn., Kgn. v. Böhmen u. Ungarn 57, 60, 62–65, 67
Martin V., Papst 37
Masaryk, Tomáš Garrigue 88–91, 93 f., 101
Matthias (I.) Corvinus, Kg. v. Böhmen u. Ungarn 39 f.
Matthias, röm.-dt. Ks., Kg. v. Böhmen u. Ungarn 47–50
Maximilian II., röm.-dt. Ks., Kg. v. Böhmen u. Ungarn 43
Mečiar, Vladimír 116
Method v. Saloniki 16
Metternich, Clemens Fst. 70, 75
Militsch v. Kremsier (Milíč z Kroměříže), Johann 34
Mussolini, Benito 102

Napoleon I., Ks. d. Franzosen 69
Neuhaus (z Hradce), Fam. 25
Novotný, Antonín 110
Palacký, František 9–13, 75 f., 80
Paul II., Papst 39
Pekař, Josef 9
Pešina v. Čechorod (P. z Čechorodu), Tomáš 13, 62
Pius II., Papst 39
Podiebrad (z Poděbrad), Georg v., Kg. v. Böhmen 37, 39 f.
Přemysl Otakar I., Hzg., Kg. v. Böhmen 18
Přemysl Otakar II., Kg. v. Böhmen 19, 22, 24 f., 29, 44
Rieger, František Ladislav 77
Riesenburg (z Rýzmburka), Fam. 23
Rohan, Fam. 52
Rosa, Václav Jan 65
Rosenberg (z Rožmberka), Fam. 23 f., 29–31
Rudolf (I.) v. Habsburg, röm.-dt. Kg. 19
Rudolf II., röm.-dt. Ks., Kg. v. Böhmen u. Ungarn 43, 47–49
Schwarzenberg, Fam. 120
Schwarzenberg, Karel 120
Serenyi, Fam. 52
Sigismund, röm.-dt. Ks., Kg. v. Böhmen u. Ungarn 26, 29, 36 f.
Šik, Ota 111
Stalin, Josef 105, 108, 110
Starck, Johann David 73
Štefáník, Milan Rastislav 89 f.
Sternberg (ze Šternberka), Fam. 23
Stránský, Pavel 54
Šubert, František Adolf 85
Světlický v. Lichtenburg (S. z Lichtenburka), Smil 22
Svoboda, Ludvík 111
Táborský, Josef 66
Thun, Joseph Mathias Gf. 73 f.
Thun-Hohenstein, Franz Anton Gf. 72
Thurn (z Thurnu), Heinrich Matthias Gf. 54
Tiso, Josef 104, 106
Topolánek, Mirek 118
Trauttmansdorff, Fam. 52
Tyl, Josef Kajetán 84
Ulrich v. Eschenbach 25
Ulrich v. Liechtenstein 25
Vaculík, Ludvík 111
Vladislav II. (Władysław Jagiellończyk), Kg. v. Böhmen u. Ungarn 39 f.
Waldhauser, Konrad 34
Waldstein (z Valdštejna), Fam. 58
Waldstein (Wallenstein, z Valdštejna), Albrecht v. 54
Waldstein (z Valdštejna), Johann Friedrich v. 58
Wartenberg (z Vartenberka), Fam. 23
Wenzel (Václav), Hlg., Hzg. v. Böhmen 15, 27, 33
Wenzel (Václav) II., Kg. v. Böhmen u. Polen 19 f., 25 f.
Wenzel (Václav) III., Kg. v. Böhmen u. Ungarn 20
Wenzel (Václav) IV., Kg. v. Böhmen 26, 28 f., 34, 36
Wyclif, John 34
Zeman, Miloš 120
Zlobický, Josef Valentin 66

Ortsregister

(mit Konkordanz)

Agram (kroat. Zagreb) 75
Altbunzlau (tsch. Stará Boleslav) 60
Altranstädt 56
Asch (tsch. Aš) 94
Aussig (tsch. Ústí nad Labem) 21
Austerlitz (tsch. Slavkov u Brna) 69
Basel 37, 39, 45
Benisch (tsch. Horní Benešov) 21
Berlin 61, 70, 103 f.
Böhminsch Budweis (tsch. České Budějovice) 73
Böhmisch Krumau (tsch. Český Krumlov) 31
Breslau (poln. Wrocław) 36, 39, 56
Brieg (poln. Brzeg) 56, 60
Brünn (tsch. Brno) 18, 21, 30, 47, 62, 72 f., 89
Brüx (tsch. Most)
Budapest 40, 75, 86, 93, 102
Byzanz 16 f.
Deutschbrod (tsch. Německý Brod) 22
Dresden 60
Dürnkrut 19
Eger (tsch. Cheb) 30, 59, 86, 100
Feldsberg (tsch. Valtice) 94
Frankfurt am Main 70, 76 f.

Freudenthal (tsch. Bruntál) 21
Genf (frz. Genève) 91
Gmünd 94
Göding (tsch. Hodonín) 21
Graupen (tsch. Krupka) 61
Großmeseritsch (tsch. Velké Meziříčí) 46
Grünberg (tsch. Zelená Hora) 74
Grulich (tsch. Králiky) 61
Halle an der Saale 60
Heidelberg 50
Herrnhut 61
Hultschin (tsch. Hlučín) 94
Iglau (tsch. Jihlava) 21 f., 30, 37, 45, 59, 99
Jasiňa (ukrain. Jassinja) 94
Jičin (tsch. Jičín) 59
Johanngeorgenstadt 61
Karlsbad (tsch. Karlovy Vary) 70
Kaschau (slow. Košice) 106 f.
Kladrau (tsch. Kladruby) 21
Klattau (tsch. Klatovy) 59
Königgrätz (tsch. Hradec Králové) 30, 57, 59, 79
Königinhof an der Elbe (Dvůr Králové nad Labem) 74
Königsberg an der Eger (tsch. Kynšperk nad Ohří) 21
Konstanz 35
Krakau (poln. Kraków) 75
Kralitz (tsch. Kralice) 47
Kremsier (tsch. Kroměříž) 59, 77, 84
Kuttenberg (tsch. Kutná Hora) 22, 30 f., 34, 39, 59
Leiden 54
Leipzig 34
Leitmeritz (tsch. Litoměřice) 21, 54, 59
Leitomischl (tsch. Litomyšl) 28, 62
Lemberg (ukrain. Lwiw) 75
Leobschütz (poln. Głubczyce) 21
Ležáky 105
Lidice 105
Liegnitz (poln. Legnica) 56
London 89, 90, 104 f., 107
Mährisch Neustadt (tsch. Uničov) 21
Magdeburg 21
Mainz 17, 28
Maria Ratschitz (tsch. Mariánské Radčice) 61
Mies (tsch. Stříbro) 21, 30
Moskau (russ. Moskwa) 101, 105 f., 109, 111, 115
München 102 f., 105 f.
Neuhaus (tsch. Jindřichův Hradec) 25
Nikolsburg (tsch. Mikulov) 31, 59
Oels (poln. Oleśnica) 56
Ofen (ung. Buda) → Budapest
Olmütz (tsch. Olomouc) 16, 18, 21, 24, 28, 39, 61 f., 66, 69
Osnabrück 54
Oxford 34
Paris 27, 67, 73, 75, 89, 90, 93, 108
Passau 16
Pest → Budapest
Pilsen (tsch. Plzeň) 104
Posen (poln. Poznań) 75
Potsdam 107
Prag (tsch. Praha) 9, 15, 18, 21, 24, 26–28, 30, 32–38, 43–46, 48–52, 55, 57–62, 65–68, 72 f., 75–77, 80, 82–93, 99, 101–108, 110 f., 113, 116 f., 120
Pressburg (slow. Bratislava) 75, 101, 103, 110, 112, 116
Přibram (tsch. Příbram) 60
Regensburg 16
Reichenberg (tsch. Liberec) 72
Rixdorf → Berlin
Rom (ital. Roma) 17, 38 f., 45, 61 f.
Saaz (tsch. Žatec) 21, 86
Saint-Germain-en-Laye 94
Salzburg 16
Schumburg (tsch. Krásná) 61
Sternberg (tsch. Šternberk) 72
Taus (tsch. Domažlice) 30
Teschen (poln. Cieszyn) 56, 94
Tetschen (tsch. Děčín) 72
Theresienstadt (tsch. Terezín) 105
Tobitschau (tsch. Tovačov) 41
Troppau (tsch. Opava) 21, 56, 59, 73
Ungarisch Hradisch (tsch. Uherské Hradiště) 30
Versailles 67
Visegrád 115, 119
Warschau (poln. Warszawa) 102, 111
Washington 90
Welehrad (tsch. Velehrad) 66
Wien 21, 43, 50, 55–58, 62, 65–72, 76–78, 80, 82, 84, 88, 90–92, 94, 97
Wiener Neustadt 65
Wohlau (poln. Wołów) 56
Zittau 60
Znaim (tsch. Znojmo) 18, 21, 59